面具下的哪個我更受歡迎

公開我、盲目我、隱藏我、未知我，每個人都有四個我。哪個我才能讓我有自信、不焦慮、過得快樂？

心理學博士
20年專業諮詢經驗
林紫——著

推薦序一

完美，就是能夠知道自己是誰

女力學院創辦人／江湖人稱S姐

這本書顛覆了我對於心理學的刻板印象。

不知道你是不是跟以前的我一樣？好幾次都懷疑自己有多重人格，並不是真正生病，而是好像出社會後，就必須具備很多種面向：在職場上，需要成為一位專業人士；下班後，偶爾想逃避現實，癱在家當廢人，偶爾又要讓自己變得很懂社交，有很多成功人士圍繞在周遭；為了不被淘汰，我又必須成為一位積極進修的人；面對家人與另一半，好像又有盡不完的責任，要當一個好老婆、孝順的女兒；偏偏我的人生興趣就是跳舞，一直很想成為職業舞者。

天啊，如果我追求完美，以上每種角色都有不同的人格特質存在，那我豈不是會把自己弄得很累？後來我才開始慢慢理解，其實除了內在完美主義作祟以外，亞洲式的教育的確讓我成為了必須依靠他人價值觀，才能顯現自己似乎生活得不錯的人。

所以我有一度表面很活躍，參加很多活動，但回到家卻一句話都不想和家人分享，甚至常常用藉口跟理由，推託已經報名好的課程，只覺得進修是壓力，付錢了事。直到後來我開始挖掘自己，找尋適合自己的成長目標，認識我想認識的人，我才慢慢找到真正的自己。

作者用了非常多實際的會談與企業培訓案例，告訴讀者每個人的家庭背景、生活環境、工作場域、伴侶，都會影響我們的決策、特質與情緒，唯有揭開自己面具下的樣子，才不會活在他人的眼光裡，或是不停的被社會價值觀綁架，導致自己的面具越戴越多，以為自己是利他的人，卻一步步成了最精緻的利己主義者，最後連自己是誰都不清楚。

這就像一部經典電影《刺激一九九五》（*The Shawshank Redemption*）中的一句經典臺詞：「監獄的高牆很有趣，剛入獄時你痛恨它；漸漸的，你習慣生活在其中；最終，你會發現你不能沒有它，這就是體制化。」而我們就是不停的習慣體制，又想跳脫體制中的掙扎與比較，所以我們焦慮。透過本書我深刻體悟，其實完美也有另一種存在方式，就是能夠知道自己是誰，在符合社會框架或是道德下，能夠也讓別人知道我是誰，這樣的生活就很滿足了。

過去的我一直都認為挺了解自己的，知道自己有什麼缺點要注意，有什麼優點值得別人學習，所以一直活在一個只想讓自己更好的觀念上。看了這本書，我才發現該如何與過去、現在與未來的我，以及生理我、心理我和社會我和平共處。其實放下過去的自己，才有可能看到未來自己的樣貌。

建議讀者除了將自身經驗套入書中情境以外，本書也提供超過二十個自我練習，非常值得靜下心，花一段時間和自己對話；也許你的焦慮，真的不是工作、生活、家庭、環境影響你，只是你還不夠了解自己而已，不妨跟著作者，一起享受一趟挖掘自己的旅程吧。

推薦序二

心裡想著母慈子孝，卻活得雞飛狗跳

臨床心理師／洪仲清

忙碌的生活，經常會讓人迷失自我。

尤其是扮演「媽媽」這個角色，家務繁雜，又同時要應付多元關係裡的情緒勞動，體力、腦力、心力常常捉襟見肘。緊張焦慮的情緒基調是常態，心裡想的，跟實際做出來的，常常落差大到讓人懊惱。

精神分析理論對於焦慮有獨到的見解，心理學家佛洛伊德（Sigmund Freud）試著把我們的內在分成不同的人格結構，來解釋與焦慮相關的心理疾病，他把人格結構分為：本我、自我、超我。人格結構之間的運作失衡，可能是造成焦慮與心理疾病的原因之一。

複雜的社會更強烈衝擊著我們內在的穩定，讓我們不斷在失衡與再平衡的循環中，掙扎著要達到我們心目中的完美。從現實到理想的遙不可及，形成了慣性的壓力，我們所熟知的「壓力」這個詞彙，慢慢變成了一種對感受的描述，跟緊張、焦慮關係密切。

「從小到大，你頭腦中的哪些聲音，經常跳出來阻礙你更輕鬆的做自己？」

我們可以把本我、自我、超我，看成心裡的三個小人，這三個小人重視的價值觀不太一樣。簡單來說，可以將本我看作重享樂、自我重現實、超我重道德。在我們文化中的媽媽，困囿於傳統賢良母親的形象，在巨大的道德壓力之下，時常喘不過氣來。

現代媽媽要負擔的工作，早就不同以往。不僅育兒要付出更多心力，長照的辛勞也跟農業時代不可同日而語，有些媽媽還要一肩扛起家中的經濟重擔，超我的聲量時不時就會大過本我與自我。

特別是孩子生病的時候，內疚與罪惡感更是止不住的翻騰。不少媽媽分享，自己都生病了，還要照顧家裡生病的老小，難以好好休養，自責還像暗處的小蛇那般，不經意的咬得自己心疼。

有時拖著疲憊的身軀，好不容易熬到夜晚，負責兼顧現實處境的自我，也開始耗弱。這時本我可能就會突然大呼小叫，不少媽媽也都坦承有過這種經驗，開始報復性追劇，就算犧牲睡眠、健康、情緒穩定，也要享受得來不易的休閒時間。

這三個小人如果沒有互相了解，達到一個整合與平衡的狀態，要輕鬆做自己，就會特別難。然而，我們要意識到這些，就得要好好藉著獨處，來面對自己才行——但這可能對某些媽媽來說，是一種認知上的奢侈。

每天花個二十分鐘，好好閱讀這本書，其實也就足夠。作者已經把很多難解的糾結，先幫我們梳理開來了。隨著我們的目光在文字中移動，我們便能感覺被同理；在作者提供的問句之後，展開自問自答，讓我們傾聽自己內在微弱的聲音。

我雖以女性角色為例，但這本書一樣適合男性。像是溝通句型中常使用的「我訊息」（本書中寫為「我句式」），男性經常練習，也可以讓伴侶感覺更親近。多認清自己能力上的限制，而不是只將雙眼緊緊盯住他人的認同肯定，可以讓我們緩解不少焦慮。

「在所有焦慮的背後，都隱藏著三個問題：我是誰？我從哪裡來？我要到哪裡去？」

祝願你，能允許沒有確切答案的問題存在，認識自己沒有終點，每一天我們都能多靠近自己一些！

自序
你這麼焦慮，是因為從未與自己在一起

你好，我是林紫。一九九八年，我創辦了非藥物心理諮詢機構——林紫心理機構。二十多年來，我做過兩萬多小時的個案諮詢、八百多小時的團體輔導及上千場心理講座。二十多年的心理工作中，我接觸了太多人的焦慮：父母為兒女焦慮，兒女為學業焦慮；老闆為企業焦慮，員工為業績焦慮；丈夫為家庭、財富焦慮，妻子為婚姻關係焦慮……。

同時，所有人似乎都在忙著趕路，頭腦裡反覆唸著「快點、快點」，心裡卻慌張而惶恐，不知道自己最後究竟能夠得到些什麼。

所有焦慮的背後，都隱藏著三個古老的話題：我是誰？我從哪裡來？我要到哪裡去？

- 不清楚我是誰，所以把自己的價值放到他人和他物之上。
- 不清楚我從哪裡來，所以解不開自己身上重重疊加的期待與捆綁。
- 不清楚我要到哪裡去，所以時時刻刻擔心著未來會怎樣……。

這三個話題聽起來很形而上，好像一輩子也說不清。也有人覺得這些是哲學題，就留給哲學家去思考吧。

其實，心理學領域有許多實實在在的觀點和方法，可以幫你釐清思路、擺脫焦慮。

心理學幫你防患於未然，避免不必要的焦慮

幾年前，我給上千位家長講課，聽到一個令人十分心痛的真實故事。

一對夫妻想要生兩個孩子，但當時國家還沒有開放二胎政策（按：大陸於

一九七九年開始一胎化政策，於二〇一五年宣布全面放棄，開始實施普遍二胎政策），超生孩子要繳納高額的罰款。夫妻倆東躲西藏，偷偷生下第二個孩子之後，把孩子藏在家裡。不許孩子大聲哭泣，不帶孩子出門玩耍，有四、五年時間，孩子甚至連太陽都沒有晒過。

漸漸的，夫妻倆發現不對勁，孩子都已經五歲了還不會講話，不跟家人互動，每天只是一個人縮在角落，稍微有點聲音就渾身發抖。夫妻倆害怕了，冒著被罰款的風險帶孩子四處求醫，但所有的醫生都對他們搖頭，說孩子已經沒救，治不好了。

試想，如果這對夫妻早一點知道，剝奪一個孩子哭泣的權利、孩子成長所需的自由，以及與外界的互動，會對孩子的心靈造成不可逆的巨大傷害的話，他們又怎麼忍心親手殘害自己得之不易的孩子呢？

在一次危機干預培訓課上，一位警官課後找我，說兩年前他曾成功救下一名準備跳天橋自殺的少女，少女活了下來，但他卻發現自己情緒越來越低落。少女當時絕望的表情，時不時就會閃現在他眼前，讓他甚至也產生了衝動，想站上天橋跳下去。

他說，假如兩年前就知道這是心理問題，了解經歷危機事件後，每個當事人都需要心理治療的話，他會早點尋求幫助，就不必忍受長期失眠的痛苦，更不會因為憂鬱而與女朋友分手了。

在汶川地震的災後心理重建工作中，我還陪伴過這樣一個家庭。

這是一個四口之家。地震發生前，父母帶著十一個月的小女兒在外地打工，留下兩歲的大女兒和外婆一起生活。地震中大女兒和外婆不幸遇難，爸爸萬分悲痛和自責，開始抽菸、喝酒，喝醉了就罵妻子、打小女兒，對小女兒產生了強烈的憤怒和排斥，不允許小女兒叫爸爸……。

媽媽哭著說，小女兒以前從未生過病，但地震之後開始變得越來越虛弱，不停的生病，越是生病，丈夫就越是暴躁，這個家看來是要澈底散了……爸爸則憤怒的說，都是妳們母女老惹我生氣，這樣的家，早點散了的好！

我邀請這位爸爸與進行我單獨交流，幫助他一步步的看到：問題真正的根源在於喪女之痛下，沒有來得及面對和處理的各種複雜情緒，而且整個家庭都需要創傷修復。

幸運的是，當我們所在的收容所撤除時，這位爸爸已經能夠重新擁抱小女兒，所有家庭成員又站在一起了。這位媽媽說，幸好遇到了我們，不然她都想帶著小女兒自殺了。

幸好，有心理學。心理學本質上就是幫你防患於未然，讓你在焦慮來臨之前能夠平靜面對。所以，我有一個越來越強烈的願望，那就是：將更多的精力放到心理學的普及和早期教育上，預防勝於治療，讓更多非心理學專業的朋友，有機會系統性的學點對自己有用的心理學。

允許沒有答案的問題存在

不焦慮的人生，並不是完全沒有焦慮。適度的焦慮和壓力可以成為動力，過度而持久的焦慮，卻會讓生命之河乾枯。有時候，我們無法擺脫焦慮，是因為煩惱千頭萬緒，找不到焦慮的根源所在。

舉個例子，二〇一八年世界盃，最令球迷關注和心疼的，莫過於世界頂級球員之一的梅西。在之前的其他熱身賽上，梅西頻繁出現噁心、乾嘔的情況，而心理學家指出：「噁心是焦慮症的典型症狀。」

在進一步的分析中補充：「焦慮的根源，極大可能是個人問題，並不一定是球場上的壓力所致。訴訟官司、債務問題、家庭糾紛及孩子的出生等，都包括其中。運動員也是普通人，在高強度的比賽中，場下的壓力也有可能會同時湧向你。」心理學家給巴塞隆納足球俱樂部的建議是，要為球員們進行適當的心理疏導。

在人生的球場上，你是運動員，也是觀眾；你需要看清哪些壓力來自球場內，哪些壓力來自球場外，並釐清內外的紛擾。這樣才能贏得超越自我的比賽。

很多人覺得，心理學很神祕，離生活很遠。在我看來，心理學從來都不是高高在上的，它不是心理學家的專屬品，而屬於每個人；**心理學的價值也不只是解決問題，它更大的價值其實是讓每個人都能生活得更好一點。**

生活得更好一點，意味著內在有更充足的安全感，外在表現得更從容、不焦慮；意味著無論遇到怎樣的挑戰，內心都十足自信與篤定，有力量成為自己，過自己想要的一生。

英文裡有個詞叫 well-being，最能貼近我想要表達的狀態。中文將它翻譯成「幸福」，實際上它比 happiness 所表達的幸福還要多一點，包括：健康、滿足、接納、祥和、心靈自由。

學習心理學，可以讓你了解自己的人格特質和職業傾向，找到自己的位置；可以讓你改善自己的溝通模式，重建親密關係；還可以增強你的心理彈性，擴展你的精神視野，幫助你面對挫折和危機；最終可以逐步修復你的內在安全感，讓你的心靈更安寧，更願意跟自己在一起。

然而，最終你還要修練，學會放過自己。你會發現，無論你多麼努力，多麼渴望成為理想的自己，人生還是會有各式各樣的遺憾和不完滿。**真正不焦慮的人生，不是我們找到了所有問題的答案，而是允許沒有答案的問題存在，**同時接納自己生而為人的局限。

書中會圍繞你最關心的生活場景作為切入點，並悉心挑選與你最有關聯的心理學知識、案例故事和實用小工具，幫助你所學即所用，系統的梳理自己、梳理生活。同時，每章還會有一個彩蛋，「敲開」問題與你互動。我會帶著你層層遞進，逐漸以更廣闊的視角、更多元的層次來學習。

與此同時，我也想告訴你，就像任何一門學科一樣，心理學也有自己的局限。它的任何理論都是基於某種假設，為我們揭示的是生命的可能性，而非唯一性。它只是我們了解自己、了解他人和世界的通道與可能性之一。它回答不了，也解決不了所有人生問題。

不焦慮的人生沒有標準答案。希望你能透過這一本書，成為解決自己內心問題的專家，更能成為接納自己不完美，但有著完整生命旅程的幸福之人。希望你可以更清晰的了解自己，形成你獨有的人生觀，堅定自己的方向，選擇自己的路徑，過好自己僅此一家，別無分號的人生。

我更希望你讀完後，可以闔上眼睛、安然入睡，可以枕著自己的小確幸會心一笑的說：「心理學沒有讓我成仙，卻真的讓我感受到了腳踏實地、仰望星空。」

「但願世間人無病，何愁架上藥生塵。」

願書中文字傳遞專業與愛，讓你的生命如花，次第開放。

需要特別說明的是：為了在保護隱私的同時，能夠幫助你加深理解，我在這本書裡分享的所有案例，都是結合日常生活中大家常見的現象，並模擬或合成的。願你透過他人的故事，解讀自己的人生。

同時，書中列舉和引用的心理學實驗、資料等，也可能會隨著時間和研究的推進而不斷更新，請你在閱讀時結合最新的研究成果，客觀理性的理解和運用。書中未能窮盡及難免疏漏之處，還請多多包涵和指正。

第一章——

探索我，你真的認識自己嗎？

01

畫一幅自畫像，這就是你自己

歡迎你與我一起，踏上這趟通往不焦慮人生的旅程。

希臘古城德爾菲（Delphi）的阿波羅神殿上刻有七句名言，其中流傳最廣、影響最深、被認為點燃了希臘文明火花的，卻只有一句：「人啊！認識你自己。」古希臘的哲學家蘇格拉底（Socrates），把「認識你自己」作為自己哲學研究的核心命題。法國大思想家蒙田（Michel de Montaigne）也曾說：「世界上最重要的事情就是認識自我。」

也許你會說，不是談心理學嗎？為什麼扯到了哲學問題？沒錯，心理學最早屬於哲學範疇。直到一八七九年，德國心理學家馮特（Wilhelm Wundt）在萊比錫大學（Leipzig University）建立了第一個心理實驗室，才有了現代科學心理學的開始。所以，有人說心理學就像是哲學媽媽，和生理學爸爸結合以後生下的孩子。心理學從爸爸那裡得到研究方法和物質基礎，從媽媽那裡傳承了氣質內涵和研究命題，包括核心概念——自我。在心理學的發展歷史中，各派心理學家們根據各自的理論假設和人性假設，對自我進行了各不相同的定義和建構。

請注意，我特別提到了人性假設，它指的是心理學家作為人本身如何看待人。例如行為主義心理學家將人看作機器，可以透過設定「刺激、反應」的程式來加以調控；而人本主義心理學家則認為，人是萬物的尺度，有各自獨立的尊嚴和價值，值得無條件尊重。

人性假設跟當下流行的「人設」概念不相同，人設是指人物設定，意思是把自己扮演成某個角色來展示給別人看。而人性假設，則是你想活成什麼樣子給你自己看。

例如你的人性假設是：人是可以成仙的，那麼你整個人生的路徑就會朝向不斷的身心修練發展，路遇坎坷也會當作是磨練的一部分。而如果你的假設是：人是由這一生所累積的財富來定義自身價值的，那麼你的人生路徑則會指向打拚事業和增加資產。

人性假設無所謂對錯。心理學能做的，就是幫助你看清自己，選擇路徑，並且找到匹配的方法來支撐自己的選擇。

有一位美麗的全職太太，家境富有，丈夫也很愛她，唯她是從，她卻罹患了嚴重的焦慮症。丈夫出差、孩子上學、家中保母打個噴嚏，都會讓她整日整夜身心不寧，腦子裡充滿各式各樣災難性的擔憂。

她擔心丈夫外遇，擔心孩子遭受校園霸凌，擔心保母的噴嚏讓家中充滿各種可怕的病菌。她每天都覺得有好多事要做，但又感到極度疲乏，根本沒有精力去處理任何事情，還動不動就在家裡大發雷霆。最後丈夫越來越怕回家、孩子也吵著要去住校。

透過諮詢，她回憶起結婚前的自己。那時工作壓力大、薪水也不高，經常加班到半夜、騎自行車回家，別人覺得她很辛苦，她卻覺得很快樂，特別喜歡那個用力踩動踏板的自己。婚後不再工作了，丈夫把她捧在手心裡，大事小事都有人幫她搞定，她卻發覺自己在家裡什麼都插不上手，沒有了目標和價值感。

家人、朋友都說她身在福中不知福，以前她也這麼認為，所以更加焦慮；而諮詢讓她越來越清楚自己想要的「福」是什麼。她開始學習心理學，主動分享自己的心得給其他家長；她發現自己與植物在一起時最放鬆，於是開始專心研究插花藝術和植物精油，主動為丈夫和孩子做精油按摩。以前那種天要塌了的焦慮感，慢慢變成「天塌了還有我」的力量感，家人也越來越喜歡跟她在一起。

就像這位太太一樣，過度的思慮會讓人迷失自己，簡單的行動卻讓人找到回家的路。如果說哲學的副作用在於讓人思慮過度、心理學的療癒作用在於讓人知行合一的話，那麼**在哲學和心理學之間，便有一座非常好的橋梁，那就是藝術**。

在學會更多心理學方法之前，藝術能夠幫助你呈現心中的自我，感受到直指人心的愉悅。

事實上，在心理學誕生之前，藝術已經在做著「讓人成為人」的工作。就像散文家豐子愷所說：「我們平日對人生自然，因為習慣所迷，往往不能見到其本身的真相。唯有在藝術中，我們可以看見萬物的天然真相，學藝術是要恢復人的天真。」心理學家們深有同感，所以就有了表達性的藝術治療，透過音樂、詩歌、繪畫、舞蹈，來療癒心靈。

今天，我們要藉著繪畫來聊聊自我。我們先來領略幾幅名畫中的自畫像。我來描述，你來想像。看看不同的畫家心中的自己，有什麼不一樣。

第一幅，荷蘭後印象派畫家文森．梵谷（Vincent van Gogh）耳朵纏著繃帶的自畫像（*Self-Portrait with Bandaged Ear*，一八八九年）。梵谷跟與自己同住的法國畫家保羅．高更（Paul Gauguin）大吵一架之後，做出了割耳舉動，然後畫下了這幅自畫像。而他畫這幅畫像是想讓自己，和弟弟西奧．梵谷（Theo van Gogh）相信，他已經從傷痛中恢復過來了。而且他還想把這幅自畫像送給母親，希望母親對他的健康放心。所以畫上的他比以往顯得健康、年輕、整潔許多。

《耳朵綁上繃帶的自畫像》

可是，這並不能掩飾他眼底的絕望。你可以想像，一個連自己割了耳朵也要如實畫出來的人，有著怎樣的性格。而他又是多麼誠實的、努力的編織著一個關於自我的謊言。這樣的誠實，再加上出身於牧師家庭，不善與人溝通的性格，讓他成為世界上最孤獨的人，最終也只能以了結自我的方式來終止這份孤獨。

同樣是自畫像，美國畫家諾曼．洛克威爾（**Norman Rockwell**）的《三人自畫像》（*Triple Self-Portrait*，一九六〇年），就大不一樣了。他畫的是自己一邊對著一面鏡子，一邊畫自己，但又不是真的一板一眼把鏡子裡的自己畫在畫板上。除了這三個自己，左上角還有一幅草圖，右上角則貼著另外幾位大名鼎鼎的藝術家的自畫像。

跟梵谷的孤獨自我相比，諾曼雖然也經歷了戰爭、妻子去世、畫室起火等磨難，但是他的自我是輕鬆幽默，而且熱鬧非凡的。

我們再來看看兩位女畫家的自畫像。

日本藝術家「波點女王」草間彌生的自畫像，和她所有的作品一樣，畫的背景、人物、頭髮到衣領，統統是由大小不一的彩色圓點堆砌出來。這是因為幼年患有自閉症的她，眼中的世界就是這樣，畫上人物和真人很像，但看起來年輕了二十來歲，這恰恰是草間彌生心中的自我形象。

而墨西哥女畫家芙烈達・卡蘿（Frida Kahlo），一生畫了許許多多自畫像，畫中的自己永遠都有隱約的鬍子，和濃密的連成一線的眉毛。在《兩個芙烈達》（*The Two Fridas*，一九三九年）這幅畫裡，左邊的自己親手用一把剪刀剪斷了連通心臟的血管，右邊的自己手中則緊握著由血管連接的丈夫畫像。你能猜到嗎？她畫的正是婚變前後的兩個截然不同的自己。

十五年前，當我邀請一位女性畫一幅自畫像來探索自己，從沒學過繪畫的她，也無獨有偶的畫了一男一女兩個自己。你能讀懂她畫作背後的心理狀態嗎？所以，心理學從哲學而來，在藝術中顯現，常常比你想像的更能表達自己，幫助自己，了解自己真實的一面。

《兩個芙烈達》

面具下的哪個我更受歡迎

在兩張紙上分別畫兩幅自畫像，一幅是現實的自己，一幅是理想的自己。你可以利用任何形式、線條，或者符號來畫，不需要畫得多好、多像，只需要跟隨自己的內心即可。你可以看一看，自己有什麼新的發現？

02 認識自己比認識環境更困難

我們要認真學習三個關鍵字：自我意識、生理自我、身體主權。

自我意識：蘇東坡效應

自我意識，也叫自我認知或自我，是人對自己身心狀態，以及對客觀世界與自我關係的意識。它由自我認識、自我體驗和自我控制三種心理成分構成，三者相互聯繫，相互制約。自我認識包括自我感覺、自我觀察、自我分析和自我批評等；自我體驗包括自我感受、自愛、自尊、自卑、責任感、義務感和優越感等；自我控制包括自立、自主、自律等。

如果我問：你覺得你認識自己嗎？你可能會說：當然啦，我叫某某某，身高一百六十公分，大學三年級。可是，這真的就是你嗎？網路上一搜尋，全世界或許有成千上萬個和你同名同姓的人。

社會心理學家調查了來自世界各地的人，**發現雖然九五%的人認為自己擁有自我覺察的能力，但實際上只有不到一五%的人真正展現出來。**

難以正確認識「自我」的心理現象稱為「蘇東坡效應」。宋代詩人蘇東坡有句詩：「不識廬山真面目，只緣身在此山中。」也就是說，人們對自我這個猶如自己手中的東西，往往難以正確認識；從某種意義上講，認識自我比認識客觀現實更為困難。

一般而言，「蘇東坡效應」主要有三種表現形式：

1 不屑認知型

許多人總是說：「我自己是什麼樣子，我還不了解？」但事實上，他們對自己一知半解。優點和特長是什麼？缺點和不足是什麼？遠見、身體、心態、思維、反應、承受能力、人際關係、學習能力、創造能力怎麼樣？能打多少分？許多人並不清楚。

2 片面認知型

片面認知型有兩種人：有一種人充分認知自己的優點，自信心極強，往往高估自己，低估他人，給人自高自大的感覺；另一種人則認為自己沒本事，不思進取，一輩子沒發揮出自己的優勢，被動的走完一生。

3 隨意認知型

有一些人則認為「人命天定」，喜歡順其自然，隨遇而安，而不願發揮自己的優勢、特長及主觀能動性，最終只能混日子。

正如德國哲學家尼采（Friedrich Nietzsche）所說：「離每個人最遠的，就是他自己。」

怎麼拉近與自己的距離呢？最簡單而又最基礎的方法是，從認識生理的自我、與自己的身體重新建立連接開始。

你可以一邊閱讀本書，一邊站起來，雙手自然下垂，緊貼大腿兩側，閉上眼睛，然後金雞獨立，看看自己能夠站立多久。根據單腿站立時間的長短，可以判斷身體平衡力的強弱，平衡能力越強的人，適應複雜環境的能力及自我保護能力往往也越強。保持時間越短的人，平衡力越差，身體素質就相對較差。

正常情況下，三十歲到四十歲的男性可以站立九秒以上，女性的時間則更長。如果你不到三秒鐘就開始搖搖晃晃，就說明你身體的老化和早衰情況已經非常嚴重。

也許你會說：別嚇我，我才二十歲，怎麼可能早衰？

「壓力研究之父」漢斯．塞利（Hans Selye）博士發現：每一個階段的「應激」（按：對各種內、外環境及社會、心理因素刺激所產生的反應），尤其是由挫折、不成功的奮鬥導致的應激，都會在人體留下不可抹滅的疤痕，這些生理上的損傷會不斷累積，並表現在生理組織的老化。

不僅如此，身體是人感知和認識自己的開始。如果我們在生理自我的認識、覺察和自我接納上有欠缺，成年後就會出現各式各樣的問題。

生理自我：安全感與自信的來源

社會心理學家認為，人的自我意識要經歷三個發展階段：生理自我、社會自我和心理自我。

離開媽媽的子宮、來到這個世界上，從零到三歲開始，人會先從自己的身體、外貌、儀表、年齡等方面來認識自我。這個階段裡，如果一個人對自己的身體有良好的覺察和接納，同時得到了充分的愛護、尊重和滿足，那麼他成年後的自信度、安全感、自我效能和自我照顧能力也會相對較高；相反的，如果三歲之前，一個人對自己身體的探索被阻斷、生理性別的認同被誤導、生理的需求不能得到滿足，他長大後就會出現各式各樣的困擾。

我們來看看幾個案例。

有個男孩，因為家裡三代沒有女兒，在他出生前，長輩們都心心念念希望生一個女孩，買了一堆女孩的物品，連準備的名字也是適合女孩的。

他出生後，家人為了彌補缺憾，索性把他當作女孩來養，在三歲以前，經常給他穿裙子，打扮得漂漂亮亮的。鄰居好心提醒他的家人，可是奶奶卻說：他還小，懂什麼，沒關係啦！

試想一下，這個孩子後來會怎樣呢？我們在「社會自我」和「心理自我」部分會繼續分享他的故事。（見第四十五、五十七頁）

有位女心理諮詢師，因為熱愛心理學，所以無論在理論學習，還是案例實踐上都非常用功，但不知道為什麼，她的諮詢能力卻沒有太大的提升，總覺得在哪裡卡住了。

她來找我尋求幫助，我們一起從自我探索開始梳理，結果發現：雖然在別人眼裡她很有自信，對自己的學歷、工作、家庭也都非常滿意，但其實她心裡一直藏著一個自己差點都忘記了的小祕密：她不喜歡自己的腳，小時候特別害怕在外人面前脫鞋。

她說，她隱約記得小時候經常和媽媽一起泡腳，每次媽媽都會說：「我的寶貝哪裡都好看，就是這雙腳長得像我的腳，是個苦命腳哦！」

回想到這一點，她豁然開朗了：原來，作為一位諮詢師，不能夠真正接納自己的時候，來訪者自然也就無法在諮詢的關係裡，感覺到無條件的接納和安全。

在首屆表達性藝術治療大會上，著名華人心理劇（按：經由角色扮演，協助個人表達內心感受，演出自己的故事）大師龔鉥老師，也分享了一個她在美國的諮詢案例。

一個患厭食症的二十二歲女孩，被父母帶來見她，身體弱小得就像十二、三歲的小孩。在幫助她找到癥結所在、逐漸治癒之後，這個女孩居然在二十多歲的年齡重新開始發育，因為，她終於允許自己的生理自我生長，不再以發育為恥。

同一次大會上，來自日本的沙遊治療（按：Sandplay Therapy，又稱箱庭療法，是一種非語言性的深度心理治療方法）大師山中康裕也分享了一個案例，同樣是患厭食症的女孩。

在最初的沙遊治療裡，她不肯碰觸沙子，擺放的也都是宮殿、天使、聖母等潔淨到沒有人間氣息的物品。經過一次次的治療，她的沙盤作品開始慢慢呈現出現實生活的場景。直到最後，她居然能夠拿起一個糞便狀的玩具擺進沙盤裡。

山中康裕說到這裡的時候會心一笑，全場來自世界各地的心理學家們也都會心一笑，並報以掌聲，為這個女孩終於能夠接納自己、接納現實元素進入自己的生活而高興。在此之前，食物對她來說都是不乾淨的物品，她不想自己的生理自我被汙染；而治癒之後，她可以接納自己是個普通人、活在現實世界中，連糞便也都不再排斥，她的生理自我終於發展起來了。

如果這幾個案例離你有點遠的話，我們就再來看看身邊的故事。

在整形美容醫院裡進出幾十次的帥哥美女，他們的容貌實際上已經相當出眾，但還是不滿意自己的長相，覺得自己鼻子是歪的、嘴唇太厚了……。

常常有整形科的醫生向我訴苦：「不管怎麼做，他們都不滿意！」這樣的整形成癮，其實有可能是罹患了「軀體變形障礙」。這種心理疾病的特徵就是：不接納自己的身體，總懷疑自己有缺陷，不斷找人確認，又總是不相信別人。無論做多少次整容手術，他們都不會滿意。

與他們形成對照的是，我認識一個有趣的女生，她長得又黑又胖，鼻梁塌塌的，從小就被嘲笑長得醜，連家人都笑她，於是她接受了醜的現實，告訴自己：「我很醜，可是我很能幹。」

大學畢業後她去日本留學，一週兼三份工的同時，還拿到了獎學金。我問她怎麼看待家人笑自己，她說：「其實他們是讓我很早就面對現實，而且他們依然支持我，所以我才那麼有自信！父母給我的最大財富，就是這樣一個雖然醜、但是很健康的身體，我挺喜歡自己的。」

從自我意識的發展角度來看，決定未來人生的並不是生理自我的美醜，而是「我的身體我做主」，當你能夠全然接納和展示自己，整個世界也會漸漸接納你。

身體主權：有一種冷是媽媽覺得你冷

身體主權，是指一個人對自己身體的擁有、支配和可控權。如果在生理自我的發展階段，沒有建立起這些權利感，或者在後期不被尊重，那麼也很有可能出現各種問題。例如患暴食症或厭食症的女孩背後，往往有一個「控制／排斥」型的母親，當母親企圖掌控一切，並代替孩子決定的時候，孩子唯一能決定的就只有：吃或不吃。

我們一定要記得：允許孩子爬行探索，不強制孩子吃飯，不讓孩子總是覺得「有一種冷是媽媽覺得你冷」。過多的控制和否定會剝奪孩子的身體自主感，而沒有身體主權意識的孩子，往往既不懂得保護自己，也不懂得尊重他人，容易出現人際交往失調，過度透支身體，甚至成為施暴者或受虐者。

美好的人生，要從重新認識和接納生理自我、增強身體主權意識、學習自我照顧開始。

面具下的哪個我更受歡迎

請你問問自己：從頭到腳，我最喜歡身體的哪個部位？最不喜歡哪個部位？為什麼？喜歡和不喜歡，給我帶來了怎樣的影響？

03

你是誰？臉書上面有答案

什麼是社會自我？

打個比方：週一早上，你餓著肚子趕去公司開例會，老闆正在發言的時候，你的肚子突然咕嚕叫了幾聲，你尷尬死了，趕緊乾咳幾聲想要掩飾，可是肚子跟著又大叫幾聲，然後你發現對面的同事在竊笑，你用餘光偷偷掃了一眼會議室，發現糟了，好像所有人都在笑。結果直到會議結束，老闆說的話你一句都沒聽進去，一整天你都覺得很尷尬，覺得大家一定還在談論這件事情。

其實，幾乎每個人都遇到過類似的尷尬情形。為什麼同樣是肚子叫，在家人面前就會覺得無所謂呢？因為你不能接受的不是肚子叫的自己，而是別人眼中的自己。前者是你的生理自我，肚子叫和打嗝、放屁一樣，都是與生俱來的生物屬性；後者則從他人的看法和評價、從自己與外界的互動中而來，心理學把它叫做「社會自我」。

社會自我的發展在三到十四歲。三歲前，我們認識了鏡子中的自己，知道了自己的生理性別和年齡，知道了肚子餓的感覺；三歲後，我們開始社會化，開始認識別人眼中的自己，知道了做某些事會得到表揚、做另一些事則會被批評，開始逐漸學會有意識的尋找玩伴、交朋友，學會遵守規則，也開始想「我希望給別人留下什麼印象，我想要在團體中扮演什麼樣的角色」。

我們發現，我們好像不得不試著去滿足父母、老師、朋友對我們的期待，滿足不了的時候，就會覺得心裡難受。

例如，很多男孩從小只要一哭就會被訓斥，被教育「男兒有淚不輕彈」，於是長大後他們很怕表達自己的真實感受。在一次高階主管的培訓課程上，我請大家用「我害怕」造句，一位男士憋了半天，終於說出：「我害怕說我害怕。」

也有很多女孩，稍微淘氣一下、粗魯一點，就會被批評「怎麼像個男孩一樣！女孩子應該文靜一點、溫柔一點！」於是，她們即使能力再強，職業發展到一定階段的時候，也會突然發現自己好像被什麼東西卡住了，不敢再向前發展。

讓男孩、女孩們害怕的是，他們的生理性別和社會性別之間的衝突。社會以刻板印象和文化，塑造了男性就該「勇敢、堅強、擔當重任」、女性就該「溫柔、漂亮、相夫教子」的性別角色，對男性和女性期待的差異，成為了我們社會自我的一部分。

幸好，社會的發展讓人們逐漸意識到，社會性別帶來的限制和困擾，於是就有了像李宇春（女歌手、詞曲創作人）的人出現——她突破了傳統社會性別固有的女性角色期待，不被他人的評價捆綁，讓自己的社會自我強大起來，與外界積極互動的同時宣揚精神的獨立，於是圈粉無數。實際上，被她圈粉的人，都是因為長期被社會自我壓抑，而產生了共鳴。

所以很多明星的粉絲，常常像捍衛真理一樣捍衛他們的男神女神。而事實上，他們真正捍衛的，是內心被喚起的某種社會自我需要。

還記得我們前文提到小時候穿裙子的男孩嗎？雖然他的生理性別是男性，但在家人的期待之下，他的言行舉止也越來越女性化，所以整個童年總是被男孩子們排斥和取笑，他也越來越不願意跟男孩一起玩耍，天天混在女孩圈子裡。

每個人都有或大或小的圈子，**要了解自己的社會自我需要，可以檢視一下自己的社交媒體，看看哪一類的朋友最多**，哪一類的朋友是你最喜歡互動的。一個有趣的現象是：**在一天當中，如果有超過一半以上的時間都在刷社交媒體的人，不是電商，就是社會交往經驗不足、社會自我發展欲求不滿的人。**

再回顧一下你在網路上分享的資訊，看看哪一類型的內容最多。最多的那種類型，往往對應著你心底最重要的角色。如果大多是工作資訊，則很有可能是你的社會自我意識過於強大，過於重視自己的社會屬性，而忽略了人之為人的自然屬性。時間久了，社會角色過重，可能會影響到你扮演家庭角色，導致親密關係裡的衝突，也可能產生過勞。

你還可以看看自己是否會將朋友分組，來發布不同的資訊。分組越細的人，對自我不同角色的認知，和印象管理的意識也就越強，說明這個人是一個社會化程度比較高的人；而完全不分組的人，例如我自己，則相對更加率性、隨意，安全感也比較高。

如果我們對社會自我的覺察和認識不夠，就可能陷入各式各樣的困境。過度追星是一種表現，而更多的困境也會出現在日常生活裡。

有個戀愛中的女孩，為男朋友不停的付出，甚至當男朋友提出要和別的女生出遊而缺錢的時候，才剛開始工作、領到第一份薪水的她，也毫不猶豫的把錢全部給了男朋友，自己轉頭向父母要生活費。和許多狗血電視劇演的一樣，男朋友最後理直氣壯的離開她，跟別人在一起了，理由是：「求求妳別再對我那麼好了，妳簡直讓我喘不過氣來！」

聽起來是不是很荒謬、很氣憤？但是我想告訴你：男朋友說的是真心話。關係之中過度付出的背後，其實隱藏著很深的自我否定和攻擊，為了擺脫自己的不夠好而拚命討好他人，結果大家都很累，這是社會自我出了問題。

如果在社會自我的發展過程中，由於家庭、學校或社會的因素，導致一個人長期缺乏支持，缺少肯定和積極回饋，這個人就可能出現低自尊、自我評價過低的傾向。低自尊的人，總有「不配得感」，對人際關係過於敏感，並且可能兩極化發展。他們要麼透過壓抑和討好來攻擊自己，要麼以暴力來攻擊他人。

很多年前的美國校園槍擊案和上海閘北襲警案，記者連線採訪我時，我談到了兩個嫌犯的共同成長經歷：一樣的單親家庭，一樣是從小被欺負和嘲笑，一樣在群體中沒有歸屬感。這不是為施暴者找理由，而是希望找到原因後，避免更多的悲劇發生。近年來被大家廣泛關注的校園霸凌現象中，就有不少類似的案例。

社會化程度不高、社會自我發展不夠的人，會遇到社會適應和人際交往的難題。他們往往在社交活動中無所適從。有的人每次和朋友在一起都表現得很開心，但是私下又總會琢磨朋友說的某句話是什麼意思，朋友背後會不會談論自己的事，自己是不是哪句話說錯了，舉止有沒有不合適，總會想太多。

最經典的案例，要屬俄國小說家契訶夫（Anton Pavlovich Chekhov）的著作《小公務員之死》（*The Death of A Government Clerk*）裡的男主角了，他在劇院看戲時不小心衝著一位將軍的後背打了一個噴嚏，便擔心自己冒犯了將軍，於是三番兩次的向將軍道歉，最後惹煩了將軍，在遭到將軍的喝斥後，他竟然一命嗚呼了。

現實生活中很少有這麼極端的人，但一樣有許多人每天活在別人的看法裡，患得患失、心驚膽戰。

十年前，一個娶了上海太太的外地先生來找我諮詢，他說自己罹患了「丈母娘恐懼症」，因為自己始終達不到丈母娘理想女婿的標準，所以每天都要看丈母娘臉色。連晚上做夢，都夢到丈母娘指著自己的鼻子罵自己沒出息。

別人的看法就像個緊箍咒，如何化解？只有一招：接納自己，活出自己。

在「生理自我」部分的練習，找出自己最喜歡和最不喜歡的身體部位，你找到了嗎？對於最喜歡的部位，問問自己：你為它做了什麼，有沒有照顧好它，它有沒有幫你與人相處得更好；對於最不喜歡的部位，仔細觀察它，輕輕撫摸它，感謝它為你做的一切，接納它是你的一部分，問問自己：你為它做了什麼，它有沒有影響到你與他人相處時的自信。

身體的覺察和接納，是自我接納的第一步。順著這一步，你可以繼續問自己：「除了我以外，還有誰知道我對自己身體的看法嗎？我可以坦然的跟十個以上的朋友談我的看法嗎？他們的看法會和我一樣嗎？」

如果你真的去做這個練習，就會發現：你引以為傲的，可能是他們不以為然的；而你引以為恥的，卻恰恰是他們覺得挺好的。

有一個實驗，是請人們讓所愛之人為自己的成功程度打分數。結果讓每個參與者都淚流滿面：原來在愛我的人心裡，我的成功程度遠遠超過我對自己的評價。

另外兩個實驗也可以幫助我們的社會，自我脫離緊箍咒的束縛。

其中一個實驗，心理學家在一個人的臉上，畫了一道比較明顯的刀疤，然後讓他出去走一圈，等他回來後問他：「有人注意到你嗎？」他回答說：「所有人都在看我。」但是去詢問外面的人，卻發現其實很少有人注意到這一點。

總以為別人在注意自己，心理學家把這個現象稱作「焦點效應」，意思是：我們常常高估別人對自己的注意程度，其實人家並沒有那麼在意你。這就像拿到合影照片時，每個人第一時間一定是找自己，因為人人都會以為自己是一切的中心，就像前文提過肚子叫的例子一樣。了解到這一點，是不是讓你鬆了一口氣？

第二個實驗仍然跟疤痕有關，心理學家請化妝師在十位志願者臉上，畫上逼真的鮮血和疤痕，然後讓他們照鏡子，並記下自己可怕的「尊容」，接著收走了鏡子。之後，心理學家告訴志願者，為了讓疤痕更逼真、更持久，需要在疤痕上再塗抹一些粉末。事實上，心理學家是悄悄用濕棉紗，把化妝出來的假疤痕和血跡澈底擦乾淨了。然而，每一位志願者卻依然相信，自己的臉上有一大塊讓人望而生厭的傷疤。

志願者們被分別帶到了各大醫院的候診室，裝扮成患者，觀察和感受人們的反應。實驗結束後，志願者們各自陳述感受。他們的感受出奇的一致，都認為人們非常厭惡面目可憎的自己、缺乏善意，而且眼睛總是很無禮的盯著自己的傷疤。

這個實驗結果，讓早有準備的心理學家們也十分吃驚：原來人們對於自身錯誤的、片面的認識，竟然如此深刻的影響和改變人們對外界的感知。由於心中的「疤痕」在頻頻作怪，才使得他們自己的言行、對陌生人的感受與以往大為迥異。

我們每個人心中，或多或少都會有一些這樣的疤痕。這些疤痕都會透過自己對外界和他人的言行，毫無遮掩的展現出來。例如，如果我們認為自己不夠可愛、甚至令人生厭，認為自己卑微無用，認定自己有某種缺陷……那麼，我們在與外界交往時，一定會在不知不覺間用言行反覆佐證，直到讓每個人都認定我們確實就是那樣的人，就像前面案例中提到的戀愛中的女孩一樣。

回過頭檢視一下，你的社會自我發展得如何？你又扮演著哪些角色？一個社會自我發展良好的人，能針對不同社會角色表現出相應的責任感，積極正面，發展出較多的親社會態度與行為，待人友善，樂於助人。不妨朝著這個目標，修正和提升自己吧！

面具下的哪個我更受歡迎

找一找自己心中的疤痕，看看它是如何影響你的社會自我發展。

04

現實的我 VS. 理想的我

如果說生理自我發展階段完成的命題是「鏡子裡的我是誰」、體驗到「寶寶肚子餓」，社會自我發展階段完成的命題是「別人眼裡的我是誰」、體驗到「寶寶心裡苦」的話，心理自我發展階段則要完成「我心中的我是誰」、體驗到「寶寶說不出」的苦惱。

這是什麼意思？先分享一個我自己的小故事。

三十年前，我讀高一。新學期的第一節課，班導師給大家做了一份不同尋常的測驗，全班同學做完後都興奮不已。直到高中畢業，這份測驗還是讓大家津津樂道，因為它測試的是每個十五、六歲的中學生最為關注的話題：我究竟是怎麼樣的一個人？

測驗的名稱叫「氣質類型問卷」，是基於古希臘著名醫生希波克拉底（Hippocrates）的「體液說」所編製，包括四個類型：血液（多血質）、黏液（黏液質）、黃膽汁（膽汁質）和黑膽汁（憂鬱質）。

儘管老師反覆強調四種類型沒有好壞，而且很多人是混合型的，但被測為「黏液質」的同學還是成了大家的笑點，因為黏液聽起來很好笑。於是，這些同學生氣了，不僅生其他同學的氣，也生父母的氣，為什麼要把自己生成了「黏液」呢？有人因此而苦惱，一心想要證明自己並非黏黏糊糊，但真的行動起來，又發現自己好像還真是測試結果顯示的那樣：安靜，喜歡沉思，反應緩慢，靈活性不足，比較刻板，不喜歡新環境，善於忍耐，堅韌執拗，有什麼都喜歡藏在心裡。

於是，同學們開始體驗到「寶寶心裡苦，寶寶說不出」。很多人開始把「多血質」作為理想自我的範本，因為聽起來又聰明又體面。但老師說：氣質類型是天生的，你們別無選擇，還是做好自己，發揮優勢吧。

於是，理想自我在現實自我面前做了一次妥協，不僅是黏液質的同學，其他同學也意識到了：原來每個人的自我都有理想和現實兩部分，每個人都有不同的性格類型、智力水準、能力傾向、行為模式，以及對未來的不同設想。

這份測試掀起了大家對自己的求知欲，從關注「別人希望我成為什麼樣」，開始轉為關注「我本來是什麼樣，未來又會成為什麼樣」。大家開始意識到：要把自己說清楚真不大容易，可能需要一輩子的光陰。

這樣的自我概念，就叫心理自我，是指一個人對自己心理屬性的意識、情感和評價。它包括對自己感知、記憶、思維、智力、性格、氣質、動機、需要、價值觀和行為等心理過程、心理狀態和心理特徵的認知與評價。

從時間來看，**心理自我可以分為：過去的我、現在的我、理想的我**。過去的我是對以前自己的覺知和評價，例如：「以前我是個乖乖女，是鄰居口中的好孩子」；現在的我是從現實出發，對現實中我的認識，例如：「現在的我雖然乖，但是很不開心」；理想的我是從自己的立場出發，認為自己將來應當成為的那種人，例如：「以後我再也不想當乖乖女了，我要成為像王菲那樣有個性的人」。

理想的我是追求的目標，不一定與現實一致，但對一個人的認知、情感和意志行動有很大影響，是行動的動力和參照。

曾經有一位女留學生，因為在國外長期失眠，但又不想讓父母擔心，所以偷偷請假回國來找我諮詢。她說，身為受薪階級的父母，為了讓她出國借了很多錢，還被一個仲介騙走十幾萬元，雖然最終她還是如願出國，但心裡非常不安，覺得欠父母的一輩子都還不清了。

其實出國留學是父母的心願，不是她的。她的理想是做一個普通人，留在父母身邊，但現實的她必須努力拚搏、獲得成功，報答父母。

帶著理想的我與現實的我、父母期待與自我期待之間的衝突，這位女學生的生理自我開始生病了，而似乎只有生病才能讓她暫停一下、想清楚，並找到理由再次行動。

追隨理想還是妥協現實，這是所有人都會面對的問題，也可能要用一輩子去解答。解答的過程，也是一個不斷建構心理自我的過程。所以，心理自我的發展階段，是從青春期一直延續到成年之後。

心理自我發展的過程中，關鍵字之一是自我認同，包括身分的認同、性別的認同、角色的認同等。

假如自我認同出現了偏差，日常的生活就會出現各種問題。

前文曾提到小時候穿裙子的男孩，整個小學時代，他過得都不算糟，雖然男孩不跟他玩，但他交往了不少女生玩伴，而且因為學習好、不搗亂，也成了老師們的寵兒。他開始看不起男孩們，認為他們粗魯、愚笨、不細心。到了中學階段，當家長們都在擔心孩子早戀的時候，他突然發現：自己跟女孩在一起就像閨密，完全沒有想過要和她們談情說愛；反倒是來實習的男物理老師，白白淨淨的，舉止文雅、談吐不凡，完全不像其他粗魯的男孩，讓他很有親近的欲望。

你可能會說：我早就猜到了，他肯定是同性戀！

我們談到過生理性別和社會性別，這裡再增加一個概念，心理性別。就像這個男孩一樣，因為家庭的不當養育方式，讓他從小在性別的認同上產生了錯覺，認為自己應該像女孩一樣。不過，這並不等於他的性取向也必然同時發生改變。所以，你只猜對了一半。事實上，男孩對物理老師的喜愛，是青春期假性同性戀的表現，他只是把對自己的喜愛，投射到了物理老師身上而已。

他的故事還沒完。到了大學，他遇到了一個強壯、高大、做事雷厲風行的女孩，女孩瘋狂追求他，他也半推半就的嘗試著交往，結果發現：自己原來並不排斥異性。

你肯定會有這樣的困惑：為什麼？這樣的人還不成為同性戀嗎？

的確如此，心理性別認同的錯位並非必然導致同性戀，但有可能成為雙性戀者或者跨性別戀者。事實上，我們最終戀上的都不過是一堆「特質」。一個女性化傾向的男性，只要遇到男性化傾向的女性，一樣可能發生正常的戀情。

這個男孩來找我諮詢，就是為了弄清楚：自己到底屬於哪一種情況？是不是有病？

我們一起分析探索，確認了男孩心理自我的性別角色認同是女性，所以他的言行舉止、生活行為習慣，都以女性的心理角色來表現，但他從未打算做變性手術，渴望的戀愛對象依然是有理想男性特質的人。所以準確來說，他屬於跨性別異性戀者。

男孩舒了口氣，說弄清楚自己，就好辦多了。我問他是否接受這樣的自己，他說不但接受，而且喜歡。

這個案例聽起來會不會有些燒腦？其實，我之所以用那麼多篇幅來詳細描述，只是想讓你明白：在心理自我層面，外界的影響可能導致我們成長方向的改變，但最終能否過好一生，則取決於我們是否真正認識了自己、接納了自己。

我曾經教許多家長透過繪本閱讀，來進行親子共同成長。讀紐西蘭繪本《我喜歡自己》（*The Things I Love About Me*）時，我問現場的家長們喜不喜歡自己，多數人的回答是：「如果我再成功一點、再開朗一點、再富有一點……我就會更喜歡自己。」幾乎所有的父母都表示，喜歡孩子勝過喜歡自己。

可是，假如父母並未真正接納和認同他們自己，孩子又怎麼能得到真正的接納和認同呢？那麼孩子收到的資訊也一定是：「如果我再乖一點、成績再好一點……我就會更喜歡自己。」

一個人如果只喜歡成功的自己，就會處處逞強，認為自己不能失敗，容易罹患憂鬱症。一個人如果只喜歡被人喜愛的感覺，就會不斷在不同的關係中尋找肯定。對他來說，只有得到別人的崇拜或特別的喜愛，才會覺得自己是有價值的——於是他可能會頻繁的外遇。

自我意識從生理自我到社會自我，再到心理自我的發展經歷，也可以看作一個人從家庭認同、社會認同到自我認同的發展過程。只有自我認同良好的人，才能夠發展出不低不高、剛剛好的自尊，更好的生活和工作。

面具下的哪個我更受歡迎

拿出在前面所畫的現實自我與理想自我自畫像，在其背面分別寫五個以上的形容詞，來形容一下這兩個自己。

05

你會用哪個形容詞形容自己？

這是一位叫做「職場菜鳥」的朋友的來信。

我感覺自己已經淹沒在這大城市的浪潮中，更可能是因為過慣了這種類似於複製的生活，而感覺自己澈底變成了工作的傀儡，失去了生活的鬥志。雖然明白自己每天擠著人滿為患的公車，忍受著一個人在大城市漂泊的孤獨，不應該就此停滯和倦怠，否則所有的付出都將失去意義，但是我感覺這不只是我一個人的問題，而是許許多多在一線城市奮鬥的年輕人共同的煩惱。我們該怎樣在工作中，或者是在工作之外找到自己的價值，實現自我增值呢？

這位職場菜鳥的煩惱，也正是我們這一章抽絲剝繭在探討的，我是誰？我為什麼要孤獨的漂泊在人群中？想要努力，可是怎麼走著走著就失去了動力？人海之中，自己的位置和價值在哪裡？

怎麼才能更全面的認識自己？現在，請打開你在第一節中的自畫像，給自己多開一扇窗。

我們先看第一幅：現實自我。

1 看表現形式

如果你畫的是寫實的人像，說明你的自我開放度較好，生理自我的存在意識完善，自我探索的意願也比較強；如果你畫的是漫畫人像或抽象人像，則你內心的防備可能較強，喜歡隱藏真實的自己，對自己的感知更多停留在心理自我層面。

2 看畫像大小

如果畫像非常巨大，你要檢查一下自己的社會自我和心理自我，有沒有過度膨脹，或以自我為中心，自制力是否有待提升；如果畫像很小，則說明你比較缺乏安全感，自我在各個層面上都有些拘謹、壓抑和退縮，缺少生命力。

3 看頭部大小

頭大表示心理自我層面對自己的智力評價較高；頭小則可能自信心不足，在人際交往及性方面存在著困擾。

4 看五官

沒有五官或五官模糊，說明人際交往中自我防衛較強；過分強調五官，則可能具攻擊性；眼睛占比大，說明愛幻想、不切實際，比較自戀；鼻子占比大，則表明有主見，生理自我的欲望尤其是性慾旺盛；強調嘴巴，說明渴望表達；嘴巴緊閉或沒有嘴，則表示拒絕溝通或情緒低落；強調耳朵，說明對批評很敏感；如果沒畫耳朵，則可能不太傾聽別人的意見。

5 看頭髮

如果頭髮又多又濃密，說明煩惱多；頭髮很少甚至沒有，則說明體力不足，對自己身體不夠認同。

6 看身體

如果肩膀很寬、很有稜角，意味著喜歡擔當重任、好勝心強、容易發生人際衝突；如果肩膀過於瘦小，則意味著自卑、無力承受壓力；如果胳膊粗壯有力，通常表明行動力強，自控力也較強，反過來則比較弱。

7　看手部

假如沒有手，表明實踐能力較弱；斷掉的手或者塗黑的手，則意味著內心藏著焦慮和罪惡感；手握拳，意味著攻擊性；手指又長又細，則是情緒化、神經質的表現。

8　看腿與腳

沒有腳，表明不穩定，或缺乏準確的定位；腿腳越有力，越說明能腳踏實地，自我定位也越清晰。

9　看是否跟你的生理性別一致

如果不一致，則說明你在性別的心理認同上，與生理性別正好相反。

還記得我們在前文提到過，那個畫了一男一女、兩個自己的女孩嗎？她來找我，因為她無法接受自己的同性戀身分。長相美麗的她，卻從小就討厭自己的女兒身，因為爸爸經常打媽媽和自己，她天天都渴望變成一個男孩，這樣就有力量對抗爸爸、保護媽媽和自己了。她想試試變性手術，又害怕媽媽傷心；想改變自己的性取向，又覺得無能為力。

這是一個令人心疼的故事。女孩畫完現實的自己後，想了很久，才開始畫理想的自己，就好像是在做一個抉擇。畫好後她並沒有立刻拿給我，而是端詳了好久，才長吐一口氣說：「我沒想到我還是把自己畫成了女孩……我只是希望她更有力量。也許，我把相處過的女孩都當作了弱者，希望保護她們，而不是真的戀愛，所以才會產生矛盾……。」

現在，我們來看第二幅畫：理想自我。

理想自我和現實自我有什麼不同呢？要成為理想的自己，你可以做些什麼？有哪些部分是你再怎麼努力也改變不了的？如果改變不了，你願意坦然接受現實的自己嗎？

二〇〇七年，我應《財富人生》（按：財經人物訪談節目）的邀請，在確認當事人也願意測試和公開分享的情況下，為當時「八〇後」創業的明星人物茅侃侃（按：網際網路行業創業者），做了一次遠端的自我探索測試。測試的第一個部分，就是自畫像。侃侃給自己的自畫像取名「苦苦的咖啡」，透過畫像，我解讀到他內心豐富的情感體驗，和不為人知的衝突、無助與苦惱，建議他多向親近的人表達，也建議周圍的親友要更關注他的內心變化。

遺憾的是，侃侃在十年後，選擇離開這個他曾付出努力與愛的世界。在此，希望你和我一樣心懷敬意和感激，感激他以自己的生命故事提醒了更多年輕人：**向外努力的同時，一定也要關注自己的內心。**

面具下的哪個我更受歡迎

除了自畫像，你還可以試試下面的練習。

1. 分別用「一個形容詞加一個名詞」的片語結構，來給自己的現實自我和理想自我取一個名字，看看這兩個名字對你來說意味著什麼。

2. 用二十個「我是……」造句。

・你寫下的第一句是什麼：如果寫的是經理、工程師或學生等，說明你的社會自我意識比較強，看重工作或學業；如果寫的是兒子、媽媽、丈夫或妻子等，說明你更看重關係中的自己。

・你寫下的句子裡大多是關於什麼：如果大多是關於過去或未來，說明你對當下的自我有較多不滿和逃避；如果大多是關於現在的自我，但用了不少負面消極的形容詞，說明你的自我評價過低。

・你寫下的所有描述中，哪些是你喜歡的自己，以及不喜歡的自己和想要改變的自己：把喜歡的自己和不喜歡的自己，告訴身邊值得信任的五個親友，聽聽他們的回饋；把想要改變的自己單獨列在一張紙上，對應每一條，寫下自己做過些什麼好讓改變發生，以及未來還打算做些什麼。

・統計一下，二十個「我是……」中，關於生理自我、社會自我和心理自我的描述，哪一類最多、哪一類最少。如果生理自我和社會自我較多，說明你比較在意自己在別人心中的印象；如果心理自我較多，則說明你是一個很內省的人。

所有練習都是你成長的心路歷程，請你保留下來，在將來的某些時刻，你仍然可以拿出來，看看有什麼新的領悟和發現。

第二章——揭開我，面具下的哪個我更受歡迎

01 每個人都有四個我，周哈里窗

我們可以借助一個有名的心理學工具，來進一步了解自己。這個工具叫「周哈里窗」（Johari Window），是由美國社會心理學家約瑟・盧夫（Joseph Luft）和哈里・英格漢（Harry Ingham）在一九五五年提出的。

如果說一個人的心靈和內在自我就像一扇窗戶，可以分為上下左右四個部分的話，周哈里窗把這四個部分分別命名為：自己知道、別人也知道的「公開我」，自己不知道、別人知道的「盲目我」，自己知道、別人不知道的「隱藏我」，自己和別人都不知道的「未知我」（參見下頁表格）。

仔細想想，我們每個人身上都存在著這四個部分，每一部分大小不同，呈現出來的自我認知、行為舉止和他人對自己的看法等，也就各不相同。

「周哈里窗」（Johari Window）

	自己知道	自己不知道
別人知道	**公開我** 履歷表上的我	**盲目我** 意識不到的行為、習慣
別人不知道	**隱藏我** 我的祕密、缺點或欲望	**未知我** 未開發的潛意識

有一位女大學生來諮詢人際關係的問題，她的苦惱是：自己是個耿直真實、不屑花言巧語的人，滿腔熱血對待他人，卻總是好心沒好報，不斷被人誤解和排斥。同宿舍六個女孩，其他五人都會一起吃飯逛街，卻從來不會邀自己。她氣憤的說：「這世道太亂了，人人都喜歡阿諛奉承，虛假得很，容不下我這樣的人！」

我問她：「妳覺得自己個性耿直、真實、熱心腸，但是周圍的人好像不是這麼想？」

她說：「對呀！她們覺得我多管閒事，還說我總是出口傷人！」

我遞給她一張空白的周哈里窗，請她把「耿直、真實、熱心腸」和「多管閒事、出口傷人」分別填在合適的位置上。她咬著筆頭想了半天，抬頭問：「我應該把耿直、真實、熱心腸填在哪個部分呢？好像我知道，別人不知道？」然後她接著自言自語，「這樣說起來，她們認為我多管閒事、出口傷人，也許就不能算是誤解，只能說也許她們知道，而我自己不知道……。」

很多時候，我們眼中的自己，和別人眼中的自己差異很大。你眼中的自己可能很善良，但別人卻看到你對親近的人很絕情；別人眼中的你可能幸福無比，你卻知道自己一直在假裝和隱忍，活在自己的人設裡……。有的人為了不讓自己陷入人設崩塌的困境，一直活得很緊繃，臉上掛著笑容，心卻離真實的自己越來越遠，甚至發展為隱匿性的憂鬱。

想要在人際交往中更順暢、自在的做自己，可以透過周哈里窗來認識和調整自己的四個部分。

這裡，我們先來了解周哈里窗左上角的「公開我」。

顧名思義，「公開我」屬於公眾領域，因為人的社會性，在與社會、他人互動的時候必須展示出一些資訊，包括生理性別、形象外貌、職業學歷、工作生活所在地、能力、愛好、特長、成就等，相當於每個人履歷表上的那個我。

公開我的大小，取決於自我開放和自我接納的程度、個性張揚的力度、人際交往的廣度、他人的關注度，以及開放資訊的利害關係等。公開我是人際交往中彼此相互了解和評價的基本依據，在安全和善意的範圍內，這個部分內容越豐富，就越容易消除人與人之間，因為認知差異帶來的誤解或猜疑。

十年前，一位著名的民營企業家請我去幫他的團隊做管理培訓，因為他們剛剛經歷了一場人事地震——原來的高階主管們，因為受不了他的火爆脾氣而集體離職，他空降了一批主管來，但團隊人心不穩、衝突頻頻。

為了擴大團隊「公開我」的部分來促進變革中的融合，我請四十多位受訓者根據性格的自我評價，按照內向和外向，分別站成兩個圈。受訓者很快就分別站好了，接著就聽到外向組的人，集體向內向組裡的一個人大聲說：「不可能！你站錯了！你怎麼可能是內向？」

這個人正是這位企業家。我問大家：「為什麼他就不可能是內向的人？」大家說：「因為他一開口就罵人呀！」企業家站在原地，沉默了一陣子，然後深深的吸了口氣，鼓足勇氣說出：「我罵你們，其實是因為我內向到不知道怎麼跟別人好好說話。從小到大，我一跟別人說話就會緊張。」

那一刻，全場頓時安靜下來，原本躁動不安、劍拔弩張的氣氛，突然變得柔和放鬆起來。我知道，這是因為那位企業家勇敢坦誠的公開了自己的性格弱點，觸動了每個人的內心，讓原本冰封僵硬和對立的上下級關係，有了流動的空間。

企業家的主動公開，帶動了所有的受訓者，在接下來的活動裡，每個人都開始敞開心扉，探討自己的困惑、擔憂及對未來的期待。

那一場培訓令我感動至今，因為不是每一個團隊的最高主管，都有勇氣透過自我暴露來擴展自己的公開我，而主管越有勇氣將自己知道，但別人不知道的自己展示給團隊，團隊越能夠獲得關係中的安全感，也越有勇氣真誠以待，發揮更強的戰鬥力。

自我暴露，也叫自我開放，是心理諮詢的技術之一，也是增進和改善人際關係的重要方法之一。它是一種特殊的溝通過程，是指與他人分享自己內心的感受與資訊。

為什麼要分享？因為公開我是認識自我、展示自我最便捷的途徑，是了解自我、評價自我的基本依據。適當的擴大公開我，可以幫助我們和他人更認識自己，進而相處得更融洽、獲得更多資源和支持。如果公開我過小，就容易在工作、朋友、戀人等不同的關係中，產生誤解等各種問題，所以，適當的擴大公開我，有助於我們維持並發展良好的人際關係。

自我暴露，分為描述性暴露與評估性暴露。

描述性暴露，指的是向他人透露有關自己的一些事實，例如職業、地址、電話等；評估性暴露，則是透露個人的意見和感受，例如自己對事物的喜好與否等。當關係處在初始階段或者比較淺的時候，可以使用描述性暴露；當關係深入的時候，則可以有越來越多的評估性暴露。

你可以透過自我暴露，真誠的與他人分享感受，或將關於自己、但別人不知道的事告訴他們。自我暴露後，自己知道但別人不知道的「隱藏我」區域就會因此變小，「公開我」的區域則會擴大。

你也可以主動對他人表示興趣，引導對方自我暴露、打開心房，擴大對方的「公開我」區域。例如，林紫心理機構有一個傳統的自創遊戲，每當有新人加入時，大家就會圍著新人坐成一圈，然後每個人自由的向新人詢問想了解的問題，但前提是提問的人必須自己先回答提出的問題。

例如，如果你問：「你有沒有男朋友？」那麼，你得先介紹自己的感情情況讓新來的夥伴了解。每個人都很喜歡這個遊戲，因為它讓新人感覺到安全、放鬆並且被關注，不知不覺間就融入了原本陌生的團隊；同時，也讓「老人」很快的了解新同事的喜好特點，讓團隊整體的「公開我」更壯大，也減少了發生誤解、衝突的機會。

要想學會恰當的自我暴露，你可以練習一種重要的表達技巧：把「你句式」變成「我句式」。也就是說，人際溝通中少用「你」開頭的句子。因為用你開頭，容易帶給對方威脅感。例如：「你這話是什麼意思？」、「你怎麼遲到了？」、「你想說什麼？」而人在感受到威脅的時候，會很本能的想保護自己，甚至產生防衛心，想要進一步溝通就會有困難。

而以「我」開頭，表達自己的感受、意見，或者期待的講話方式，可以避免讓對方感受到被攻擊，進而能接收到你真正想要表達的資訊，並了解你期待的是什麼。例如：「我很想知道，你說這些話是想要表達什麼？」、「我很希望你能準時出席，所以你的遲到讓我有些失望。」

自我暴露用得好，可以促進關係的發展，用不好則適得其反，讓自己和別人都不舒服。所以，需要注意以下幾點。

首先，自我揭露需要循序漸進。對新認識的朋友及關係比較淺的人，「交淺言深」是不恰當的，可能會在建立關係時帶來反效果；而如果想要進一步加深關係，則需要深入的自我暴露。例如，已經認識很久的人，見面卻還是只聊「今天天氣怎麼樣」，就會讓對方感覺你拒人於千里之外、把自己包裹得太緊。

其次，自我暴露不是要毫無保留。我們要適當的擴大公開我，也要知道適度的保留自我，是正常的心理需要。

另外，公開我的區域並不是越大越好，公開我如果過大，會令人缺乏安全感，可能帶來關係的斷裂，甚至更大的傷害。比較極端的例子則是網路上的「人肉搜索」的情況，當一個人的公開我，被所有網路上的人都知道時，會讓當事人生不如死。

義大利電影《完美陌生人》（*Perfetti sconosciuti*），對公開我做了一個極致的實驗。

三對處於不同婚姻階段的伴侶和一個宅男，在聚會上玩起了一個遊戲：把手機放在桌面上，公開當晚每個人手機裡收到的每一則簡訊、每一封郵件、每一通電話。每對情侶之間，開始逐一暴露或大或小的問題和矛盾：婚姻的「七年之癢」、中年危機、頂客問題（按：一九五〇年代起源於歐美的生活型態名詞，由英文DINK音譯而來，〔Double Income, No Kids〕，意為雙薪、無子女的夫妻。）、社會對同性戀的接受程度等。當一切隱私都不再存在，公開我達到極致時，關係便開始失控，到最後大家幾乎全面崩潰。所以，適度的自我保留，不僅是保護自己，也是保護別人。

在這裡，特別提醒年輕的爸爸媽媽們：千萬不要做大嘴巴，隨意公開孩子不願公開的事情。爸爸媽媽們可能都有這樣的體驗，每當興高采烈的想要分享一些孩子的趣事時，身旁的孩子可能會突然很著急的說：「不要講，不要講！」我的女兒小圓子也是一樣的反應。第一次發生這樣的情況時，我就馬上乖乖閉嘴，然後真誠的向她道歉，從此以後每次想要談到她時，我都會先問她：「媽媽可以講嗎？」別小看這句話，這句話不僅可以讓孩子感受和學習到界線、平等與尊重，更可以幫助孩子了解：她有權力決定在多大程度上展示自己的公開我。

另一種情況是，你雖然已經老大不小，但父母、親戚還是想要追根究柢，強行讓你公開自己的全部資訊。例如：每次回家，他們都要從「薪水多少」一直問到「和男（女）朋友最近還好嗎」，要是你不想說，他們就會使出殺手鐧：「都是一家人，你還藏什麼祕密呀！」讓你很無奈。

這個時候，關於描述性暴露和評估性暴露的分類，就可以派上用場了。你不需要描述你不想談論的資訊，但同時可以很真誠的告訴他們：「我能感覺到你們非常關心我，想了解我，但同時我也感覺有點壓力，我希望我們先換個話題輕鬆一下，以後找合適的時間再聊這些，好不好？」

周哈里窗展示了關於自我認知、行為舉止和他人對自己的認知之間，在有意識或無意識的前提下形成的差異，它將人的自我認知分割為四個範疇：一是面對公眾的自我塑造範疇，二是被公眾獲知但自我無意識的範疇，三是自我有意識在公眾面前保留的範疇，四是公眾及自我兩者無意識的範疇，也稱為潛意識。

自我塑造的公開我，充分展示了自我認知和他人認知之間的差異，透過調整和改善自我與他人之間的互動關係，進而改善工作氣氛、提高工作效率。

無論是工作領域還是生活領域，周哈里窗都可以幫助我們更了解自己。

面具下的哪個我更受歡迎

分別採訪一個家人、一個朋友、一個同學、一個同事或鄰居、一個主管或老師，並記錄他們眼中的你，寫下其中他們知道、而你自己也知道的部分，也就是你的公開我。

02

借助他人看清自己，降低盲目我

有一次，一對夫妻來諮詢，原因是丈夫覺得妻子太強勢、不尊重自己，自己過得太壓抑，想要離婚；而妻子覺得自己已經夠溫柔、夠尊重他了，是他自己太「作」（無端生事），想要透過諮詢來讓丈夫意識到錯在他、不在自己。

我請兩個人分別談談婚姻中的感受和看法。妻子優雅的蹺著二郎腿、坐在丈夫對面，條理清晰、有理有據的長篇論述之後，目光逼視著丈夫說：「該你說了！你說呀？平時你說我不尊重你，現在尊重你、讓你說，怎麼又不說了？」妻子一邊說著，一邊用穿著高跟鞋的腳尖指向丈夫、不耐煩的隔空踢了幾下。

這幾下，讓我看見了丈夫無從言說，又無處不在的苦惱。妻子的腳尖暴露了她不曾意識到的自己——對丈夫的不屑、對關係的操控欲，以及上對下的溝通模式。正是這些，讓丈夫感覺到強勢和不被尊重，而妻子卻渾然不知。

自己不知道但別人知道的部分，在周哈里窗的右上角，叫做「盲目我」，也叫做「背脊我」，屬於「當局者迷、旁觀者清」的狀態。

我們每個人都有這樣的盲目我存在，例如一些細微的表情和情緒，如果別人不告訴我們，我們可能永遠覺察不到。我自己就有這樣的體會——當我陷入沉思，或者特別認真的做一件事的時候，表情會變得很嚴肅，跟平時面帶笑容的樣子完全不同。如果不是同事問我是不是生氣了，我可能永遠都不知道。再例如，有的人一直覺得自己很謙虛，但一旦面臨批評或不同意見就急於辯解，這時別人所看到他的心理特徵，和他自己看到的也不一樣。

盲點可以是一個人的優點或缺點。因為之前完全不知道，所以當別人告訴我們時，特別是聽到與自己的初衷或想法不相符的情況，我們感到驚訝是很正常的。但如果總是懷疑「我有你說的那麼好嗎」，或者總想辯解「我沒有你說的那麼糟」，就需要檢查一下自己的自我意識了。

有一個天生麗質的女孩，前後整容了三次，卻仍然覺得自己的鼻子是歪的，出門都要戴著口罩。

她的家人、朋友和醫生越是跟她說沒問題，她越是覺得有問題；其他人越是誇她美麗，她越是覺得自己很醜陋。

這樣的故事，每天都會在醫院整形科上演，醫生們面對莫名的否定和挫敗也苦不堪言。其實，這是一個人的自我意識生病的表現，叫做「體象障礙」，也叫「軀體變形障礙」。

一個朋友留言說：「不管是朋友、家人還是陌生人，但凡有稱讚或是表揚，我都會微笑著向對方說謝謝，看起來一副寵辱不驚的樣子，但是心裡一直有一個聲音不停的說：這些都是假的，他們只是客氣，或者他們只是安慰我。我從來都不相信他們的稱讚是真的。」

也許你很難想像這一點：害怕讚美的人，比害怕批評的人更多。怕讚美是因為習慣了自我貶低和自我攻擊，而自我攻擊比他人的攻擊，更能擊毀一個人。

這裡教你一個小技巧，用來緩解被讚美時的不自在——把你心裡的聲音播放出來，告訴讚美你的人：「我可能沒有你說的那麼好，但真的很感謝你告訴我這一點。你看見我的好，是因為你的好。」

同樣，如果你發現自己「接受不了批評，哪怕是善意的提醒，也會惹自己生氣；聽不進別人的意見，就算知道別人是善意的，也會記仇；知道不應該，又控制不住自己」的話，你可以學著說：「謝謝你告訴我，讓我知道原來你是這樣看我的、這樣理解這件事的。」

我常打一個比方：把自己看作一幅拼圖，拼圖的每一塊分別被每一個認識我們的人收藏著，那些讚美或批評我們的人，就是無償貢獻出他們手中的那一小塊拼圖，讓我們看見更完整的自己。這樣想的時候，我們不但可以減少不安，還會發自內心感恩這些幫助我們的人。

盲目我的大小，與自我觀察、自我反省的能力有關。通常，內省特質強、喜歡自我探索的人，盲點比較少，盲目我也比較小。

如果你願意把別人當作了解自己的鏡子，無論讚美還是批評，都用心聆聽，將它們當作擴展自我認知的機會，不急於辯解、不固執己見的話，自我盲點也會越來越少，就能更清晰的認識自己。

假如對盲目我被揭露感到不安，或不能完全認同，可以告訴自己：讓我不舒服的不是別人，而是我自己的局限性。不斷擴展局限，人生之中不舒服的感覺就會越來越少。

而盲目我過大，也會帶來困擾。

一位剛剛畢業的大學生，先後參加了很多大公司的面試，覺得自己每次都對答如流、侃侃而談，加上自己一貫積極努力，所以拿到兩、三個工作機會應該沒有問題。他甚至還在心裡模擬了一下被幾個公司爭搶的場景。可惜的是，最後竟然連一個工作都沒有得到。

事實上，如果他有機會聽到面試官的回饋，一定會知道，問題恰恰出在「對答如流、侃侃而談」之上。在他看來，那是自己自信滿滿的表現，而面試官的評價則是：傾聽能力不足、過度以自我為中心。

需要提醒大家的是，面對別人的盲目我，我們在表達的時候需要友善、謹慎、有選擇和自我保護。

- 友善，揭示對方的盲目我，是為了鼓勵或幫助對方，而不是為了滿足自我顯示的欲望。
- 謹慎，要注意保護對方隱私，在考慮對方的承受力、理解力的同時，也要注意表達的環境不會給對方帶來壓力或傷害。
- 有選擇，指要避開一些性格孤僻、偏執、愛鑽牛角尖的人，也要避開那些剛剛經歷了人生重大事件、情緒波動大的人。
- 自我保護，指跟別人討論對方的盲目我時，無論談的是優點還是缺點，是正向的還是負向的，在保護對方的同時，都一定要記得保護自己。

盲目我，不僅個人有，在整個人類的發展階段裡，其實也有共通的盲目我存在。地心說時代，人類認為自己是宇宙的中心，充滿自大情結，直到日心說的出現才拓展了人類的視野；進化論時代，人類認為自己處於動物進化的高級階段，是最有智慧的物種，直到暗物質、暗能量、黑洞等概念出現，直到霍金預言未來世界屬於人工智慧和外星人，人類嬰兒式的全能自戀才逐漸被破解，開始在更大層面上看待自我、看待外界、看待他人。

這樣的過程，就是自我疆域不斷擴展的過程，它很美妙，希望你也能領略到其中的樂趣，透過他人和世界，更充分的認識你自己。

03

隱藏我太多，公開我就變少

二十多年的工作中，我除了一對一的心理諮詢，還包括帶領各種主題的團體輔導，把一些有相同困擾的人集中起來，共同探討和解決問題。其中，帶領人際關係團體最有意思。

和其他團體不同，人際關係團體的成員第一次見面時，大家都低著頭，沒有一個人願意主動跟別人打招呼。經過第一輪的破冰、建立信任關係和形成團體契約，大家才會慢慢開口介紹自己，分享心路歷程。

每一次都會有人說：「我覺得其他人看起來都很優秀，不像是有人際關係困擾的人。」尤其當團體成員裡有戲劇學院的學生、航空公司的空姐時，大家的反應就更強烈了，他們甚至懷疑說：「他應該是來體驗生活的吧？那麼完美的人，怎麼還會怕跟人打交道呢？」

被懷疑的人，這時候往往會苦笑一下，說：「這正是我讓苦惱的原因。總有人說我很高傲、拒人於千里之外，其實他們不知道，所謂的高傲是假裝出來的，是為了掩飾內心的緊張、害怕，還有深深的不安。好像沒有人相信我也會有這些感覺，他們總覺得我應該是完美的，所以我很孤獨，渴望交朋友，但又害怕跟別人走得太近。」

活在他人完美的想像和期待中的人，通常都很累，因為他們要用盡全力維護完美的形象，生怕真實的自己讓人失望。就像心理學裡經典的現象：鳥籠效應。

一九〇七年，美國心理學家詹姆士（William James）和他的物理學家好友打賭。詹姆士說：「我一定會讓你不久後就養一隻鳥的。」好友不以為然。沒過幾天，好友生日，詹姆士送給他一個精緻的鳥籠。

從那以後，只要有客人來訪，看見書桌旁那個空蕩蕩的鳥籠，無一例外都會問：「教授，你養的鳥什麼時候死了？」物理學家只好一次次的向客人解釋：「我從來就沒有養過鳥。」然而，這種回答每每換來的，卻是客人困惑而有些不信任的目光。無奈之下，他只好買了一隻鳥，最終落入了好友詹姆士的「圈套」。

詹姆士把這種現象叫做「鳥籠效應」，又稱「鳥籠邏輯」，是人類難以擺脫的十大心理之一。它的本意是說，當人們在偶然間獲得一件原本不需要的物品時，在此基礎之上，會繼續添加更多與之相關，而自己不需要的東西。

我從中看到的是：與其說我們是被物品異化了，不如說是別人的期待異化了我們。當別人認為我們應該完美的時候，我們會不由自主的朝著完美去努力，越來越想要隱藏真實但不完美的自己。

這樣的隱藏越多，隱藏我也就越大。隱藏我越大，我們在人際交往中就越小心翼翼，把自己包裹得像一個裝在套子裡的人。

隱藏我在周哈里窗的左下角，也叫「隱私我」，是自己知道而別人不知道的部分，與盲目我正好相反。它包括個人隱私和祕密，是不願意或不能讓別人知道的事實或心理。身分、缺點、往事、疾患、痛苦、竊喜、愧疚、尷尬、欲望、意念等，都可能成為隱藏我的內容。

相較而言，心理承受能力強的人、隱忍的人、自閉的人、自卑的人、膽怯的人、虛榮或虛偽的人，其隱藏我會更多一些。

適度的內斂和自我隱藏，給自我保留一個私密的心靈空間，避免外界的干擾，是正常的心理需要。沒有任何隱私的人，就像住在透明房間裡，缺乏自在感與安全感。

但是隱藏我太多，公開我就太少，就好像給心靈築起了一座封閉的城堡，無法與外界進行真實有效的交流與融合，既壓抑了自我，也令周圍的人感到壓抑，容易導致誤解和曲解，甚至錯失機會。如果我們想要更深入的探索自我，就不能只停留在公開我的層面，還應該直接面對隱藏我的祕密和實質。

適度的將一部分隱藏我轉化為公開我，可以促進人際關係的發展，就像前文提到的那位企業家。

現實生活裡，很多人不敢暴露真實的自己，往往是因為心存恐懼。

第一種恐懼，是害怕親密關係。

這樣的人喜歡在別人面前保持神祕感，試圖用神祕感來營造若即若離的關係狀態，從而避免親密關係帶來的焦慮。他們潛意識裡的自我獨白往往是：沒有親密，也就沒有傷害。他們防禦性的掩蓋自己，卻忘了健康的人際關係，是在適當的自我揭露及相互回饋之間取得平衡的。

第二種恐懼，是害怕被拒絕。

這樣的人缺少自信，或者本身有完美主義傾向，擔心別人會不喜歡自己的某些部分，因此遮遮掩掩不願讓別人知道。事實上，人無完人，而且所謂優點和缺點都是相對的，人們真正拒絕和排斥的是不真誠的人，而非不完美的人，適當的自我暴露反而可以拉近彼此的關係。

美國社會心理學家安德森（N.H.Anderson）在一九六八年進行的一項研究中，將五百五十五個描寫個性的形容詞列成表格，讓大學生們指出他們喜歡的形容詞。統計結果表明，**評價最高的人格是真誠，而評價最低的人格則是說謊和虛偽。**了解了這一點，會不會讓你放鬆一些呢？

第三種恐懼，是害怕社會不讚許。

這樣的人，會認為自己身上有一些不被社會主流價值觀接納和認可的特質，因此不願讓別人知道，例如同性戀。建議這樣的朋友，選擇具有相似特質的人來分享和袒露，以免自己陷入孤立無援的境地。

第四種恐懼，是害怕弄巧成拙。

這樣的人通常比較內向，不善於交際，不知道怎麼把握人際交往的分寸和距離，更不敢向別人袒露自己。如果你屬於這種情況，建議你先從自己最信賴的親近者，和最無關痛癢的陌生人開始練習自我暴露，親近的人會讓你感到被理解，陌生人則會讓你慢慢具備暴露的勇氣，找到自我保護和暴露之間的平衡點。

其實，**所有不敢暴露真實自我的背後，都有一個共同的原因，就是不接納自我。**因為自己不接納，所以也認為別人無法接納。例如有的人特別害怕別人知道自己來自鄉下或者小城市等。這樣的人，內心普遍缺乏安全感，會把自己重重包裹住，唯恐他人了解自己之後，陷自己於不利。

教大家一個安全的自我暴露的方法：當你覺得開放隱藏我的某些資訊不夠安全時，可以選擇只開放自己這方面的感受、習慣等，而不是資訊本身。例如你可以說：「這個話題讓我感到緊張，我比較習慣自己思考。」

也許你會問：為什麼要縮小隱藏我呢？

原因在於：客觀自我和主觀自我是有差別的，縮小隱藏我，有助於更了解客觀自我。透過了解客觀自我，能更清楚別人怎麼看自己，從而更了解自己。

隱藏我有時候會在不經意間暴露出來。我曾經以特邀專家的身分，參加一些企業的校園徵才活動。在活動現場，我會透過特別設計或挑選的心理測試，來幫助企業和同學們更進一步相互了解。

有一次，某企業招募儲備幹部，一位碩士研究生在前面幾個常規招募環節中表現優異，成為三位候選人之一。最後一個環節，是一個心理投射測驗，我請三位候選人看圖說故事。

圖上有一隻貓和一群小鳥，第一個候選人編了一個童話故事，說的是小貓讓小鳥教自己飛翔；第二個候選人編了一個勵志故事，說的是小鳥們為了不讓同伴被小貓抓走，如何相互合作；輪到這位研究生時，他說：「這是一個謀殺故事，小貓不但沒有抓住小鳥，最後反而被小鳥們啄死了，血跡斑斑。」全場譁然，我的心頓時揪了起來。我告訴企業主考官，我需要跟這位候選人單獨面談。

我們到旁邊的房間坐下，我問他是什麼讓他想到編這樣一個故事，他說想要與眾不同。我告訴他，我有些擔心他，也希望幫助他，在保密的前提下，如果他願意的話，可以告訴我日常生活裡，有沒有什麼人或者什麼事，讓他感到壓抑和憤怒，有沒有曾經想過要自殺？他呆住了，遲疑片刻點頭說：「是的，老師，妳怎麼知道？」

我知道，不僅是因為我的專業經驗，還因為我了解，真實的自我往往無從隱藏，它早晚會在合適的時間顯現出來。既然如此，不如直接面對。

不過，隱藏我並非越小越好。例如，在對同性戀不友好的社群裡，選擇隱藏自己的同性戀身分是必要的，可以為自己省去很多不必要的麻煩與壓力。再例如，夫妻之間，雖然要坦誠，但也有必要保留一定的隱私空間。

我的母親曾經告訴我一句老話：「**朋友面前莫說假，夫妻面前莫說真**。」一開始我完全不能理解，更不能接受，直到做了大量婚姻諮詢之後才明白：夫妻之間，比說真話更重要的是，知道在哪些方面無話不談、在哪些方面適度保留，從而讓雙方都感覺到愛和被愛。

例如，妻子買衣服的時候問丈夫：「好看嗎？」丈夫如果實話實說：「不好看。」兩人就可能大吵一架，因為妻子往往會把丈夫的真話，解讀為「在你眼裡我不好看」。如果丈夫說：「老婆喜歡就好！買吧！」結果往往皆大歡喜。這樣的表達，我把它叫做：「不能說真話的時候，也可以選擇不講假話。」就像作家季羨林所說：「假話全不講，真話不講全。」

真話不講全，其實也是尊重對方，避免把自己的隱藏我一股腦全部扔給對方，而給對方帶來困擾和壓力。

諮詢當中，有時會遇到由於人格障礙，而造成隱藏我過大的情況。例如，有迴避型人格障礙的人，會產生全面的社交抑制、能力不足感，對負面評價極其敏感，所以極力隱藏自我。

這樣的人通常在童年時期，就會開始表現出害羞、孤獨、害怕見陌生人、害怕陌生環境等。成年以後，這些問題會對他們的社交和工作產生不利影響。他們總覺得自己缺乏社交能力，缺乏吸引力，在各方面都處於劣勢，因而顯得過分敏感和自卑，擔心自己會被別人排斥和拒絕，很難與他人建立親密關係。人格障礙的治癒曠日持久，但只要意識到問題所在，就能夠邁進一大步。

除了個人原因，社會文化也會影響一個人隱藏我的大小。古書《增廣賢文》裡說：「逢人且說三分話，未可全拋一片心。」在這種文化影響下長大的人，就會像林黛玉初進賈府那樣，步步小心，不敢公開自己。

隱藏我大小比例的設定，取決於我們的自在和舒適程度，以及獲益與否。如果自我暴露後讓你受益，就可以採取行動；反之，你則有權選擇保留。

面具下的哪個我更受歡迎

寫一寫自己身上都有哪些「隱藏我」，再把其中可以嘗試暴露的部分圈出來，由易到難的逐一實踐。

04 了解潛意識，打開你的未知我

有一段日本幼稚園小朋友跳箱的影片，曾在網路上廣為流傳。影片中，一個小男孩一次次衝向跳箱，又一次次經歷失敗，越來越沮喪；這時，坐在一旁觀看的老師站起身來，帶領全班小朋友走向小男孩，然後手搭著手圍成一個圈，讓小男孩站在正中央，大家一起高喊三聲幫他加油。然後，奇蹟發生了，小男孩在大家的鼓勵下，就像小宇宙爆發一般，一下就成功越過了跳箱。

這段影片，我經常會引用到企業培訓中，每一次都會有人感動得落淚，因為看見了愛的力量，看見了鼓勵和支持遠勝於批評與打擊。

小男孩讓我想起小學五年級時的自己，那時候我是班上個子最小的，但每次體育課上跳箱，我又是跳得最高的那個，不管跳箱升到多高，我都可以一躍而過。直到有一天，幾個高個子同學紛紛來問我怎麼跳過去的。

我是怎麼跳過去的呢？我帶著這個問題，再次衝向跳箱的時候，卻失敗了。然後，我發現自己之前跳過去的祕密就是：以前從來沒想過「我跳不過去」。因為沒想過，所以不設限，才能到達別人看來不可思議的高度。

所以，我們每個人身上好像都有一些忽隱忽現的能力，以及一個未知的自己。當這個自己得到足夠的支援時，就可能做到我們未曾想過自己能做到的事；而這個自己沒有被發現，或被質疑和設限的時候，我們就常常會體驗到「心有餘而力不足」、「真的做不到」。

這樣的自己，在周哈里窗的右下角，叫做「未知我」或「潛在我」，意思是別人不知道、我們也不知道的自己。通常指一些潛在的能力或特性，例如一個人經過訓練或學習後，可能獲得的知識與技能，或者在特定的機會展示出來的才幹，也包括沒上升到意識層面，卻對人有著巨大影響的潛意識部分。這個區域沒被啟動的時候，誰都不知道裡面究竟藏著多大的潛能，藏著多少被壓抑的感受和記憶。

一位三十歲的部門女主管曾經來找我諮詢，說感覺自己的職業生涯被卡住了，上不去也下不來，心裡每天都慌慌的，提不起勁來。一方面，她知道自己還年輕，也知道公司上級對自己的器重，知道自己應該繼續努力，向上發展；可是另一方面，每當機會來臨，她又不由自主的向後退縮，心裡總有一個聲音告訴自己：「妳不行！妳不行！」

我問她：「從小到大，妳還聽過誰說妳不行呢？」

她的眼淚流下來了，說：「我媽。」

原來，她出生在一個重男輕女的山村裡，媽媽生下她這個女兒後遭人歧視，於是把氣都出在她的身上，從小就告訴她：「妳是女孩，妳不行！」有了弟弟以後，媽媽更經常忽視她、打擊她，說她是「小姐身子丫鬟命」，說她所有的努力都是痴心妄想，再優秀也比不過男孩子。

媽媽的話刺痛了她，她一心想要離開家，所以拚盡全力考上外地的大學，畢業後又找到了這份別人羨慕的工作。眼看著生活可以由自己主宰了，可是不知為什麼卻選擇了向後退。

我幫她一起梳理了原生家庭和成長經歷對她當下的影響，跟她一起探討心理學家佛洛伊德的冰山理論，幫助她了解：她之前的成就來自意識層面的努力，屬於水面上的冰山一角，別人和自己都能看見；而眼下的困頓則來自潛意識裡壓抑的念頭和情緒，它們深藏在水面之下，別人和自己都看不到，卻占據著冰山的大部分，會在關鍵時刻深深影響她的行動。

我請女主管和我一起潛入水中，進一步探索水面以下的部分，結果發現：那裡不僅藏著「我不行」的自我設限，還藏著「如果我成功了，就是背叛媽媽和傷害弟弟」。

發現了這一點，女主管「哇」的一聲大哭起來，我遞給她一個靠枕，讓她抱著哭個夠。

哭，也是一種潛意識能量的釋放，和對未知我的體悟。釋放夠了，才能繼續向前走；體悟夠了，才能自我突破，就像跳跳箱的日本孩子那樣，體驗到人生新的高度。

關於意識和潛意識，我們在後文會進一步探討，這裡先分享一個與跳蚤有關的實驗。

一段國外的實驗影片顯示：研究者把世界上跳得最高的昆蟲——跳蚤，放進瓶子裡，跳蚤輕而易舉就跳了出來；研究者又把它們放回瓶子，然後蓋上蓋子，於是，跳蚤每次跳起來都會碰到瓶蓋；若干次之後，當研究者拿掉瓶蓋，卻發現跳蚤再也跳不出瓶子了。

這段影片的結尾，有一段結語，大意是：超越假想的瓶蓋，超越局限。

我們看不到這個實驗的具體背景資訊，但現實生活裡，類似的「瓶蓋」比比皆是。例如：女人就該相夫教子，我再怎麼努力也無法超越男人；別人是富二代，我再怎麼努力也難以望其項背……。

有這些瓶蓋存在，我們的未知我所具有的各種潛在能量，就被牢牢的鎖起來。一項調查顯示，常人對潛能的使用率只有六％到八％，而像愛因斯坦這樣偉大的科學家，也僅使用了一〇％左右。當我們學會打開瓶蓋，縮小未知我在生命中的占比，就會不斷顯現自我實現的奇蹟。

為了幫助我的來訪者打開瓶蓋，有時，我會邀請他們到大自然中。

一位患有輕度焦慮症的爸爸，有一次參加親子岩降，要從二十多公尺的岩石崖上垂降下來。儘管有些緊張，但他還是出色的完成了全套動作。

下來後，他欣喜的告訴我：「我以前其實有懼高症，但我今天居然戰勝了它！原來我可以做到！」我也為他感到高興，問他是怎麼做到的，他說整個活動中，因為有兒子在，他完全忘記了岩石的高度，唯一想的就是：要給兒子做榜樣，我是一個好爸爸！

愛的力量是無窮的，可以讓我們爆發出意想不到的潛能。曾經有一個農民為了救自己的兒子，竟然在情急之下，抬起了壓在兒子身上的輕型卡車，兒子得救後，他又試著抬起車子，卻怎麼也抬不起來了。

每個人的未知我區域，都存在著未被探索和發掘的潛能，那應該如何找到並且善用它們呢？

首先，透過自我覺察，清理自我設限。

你可以在紙上一條條寫下心中帶有「不行」、「不可能」、「不好」、「不要」的句子，看看它們是如何阻礙你成為你想要的樣子；然後，問問自己，假如你無所畏懼，你會怎麼做？

其次，透過自我探索，清理被壓抑的情緒。

你可以記錄你的夢境，因為夢是潛意識的反映，幫你呈現出你以為早已忘記或者無所謂的記憶和情緒，給你一條線索來了解自己。夢的具體分析可以交給諮詢師，而你只要記住一條就能夠幫到自己，那就是：夢裡的情節或許都是虛構的，但夢中體驗到的情緒，一定是你在真實生活裡正在經歷，卻又忽略了的。順藤摸瓜，你就有機會從源頭打開心結。

最後，透過心理測驗，理性科學的了解自己。

有很多專業的心理測驗工具，可以幫助我們認識未知的自己。當然，你也可以透過心理諮詢，來幫助自己更深入的探索未知我。

心理諮詢並不只在有了心理困惑，或者心理問題的時候才能做。它更大的價值和魅力在於：可以幫你更深入的自我探索和成長，防患於未然，生活得更好。

05 過分在意他人看法？周哈里窗幫你活出真實自我

這是一位朋友給我的留言。

我總是很在意別人的想法，所以每次說話、做事，都會斟酌再斟酌，話說出去之後，還在想這樣說會不會不太好，會不會讓對方不開心或者不舒服。這樣就弄得自己很累，每天都得裝作很開心、很好說話的樣子，就算不耐煩也不能表現出來。如何才能讓自己不再這樣呢？

這個問題，我們可以從不同的角度來回應。這裡，我們用周哈里窗來解讀和回答。

1 自己知道、別人也知道的「公開我」

過度在意別人想法的人，通常會對自我的公開領域感到不安。不安的原因包括對自己身分、角色、年齡、學歷、長相、能力等，某些公開的個人資訊感到沒有自信，誤以為別人也會和自己一樣，不能在這些方面接納自己，所以言行舉止小心翼翼，用討好和迎合的方式來避免打擊，維持表面上公開我的趨同性。他們心底裡的聲音是：你好，我不好。行為上則偽裝成一種很好說話、很好相處的公開形象，盡力縮小公開我的存在。

2 自己不知道、別人知道的「盲目我」

和這位朋友一樣，人際關係敏感的人，往往對自己的評價比他人實際的評價要低。因為總是想偽裝出和他人的一致性，所以很少有機會聽到他人對自己真實的評價，盲目我就會越來越大。

他們很難知道，自己看來是缺點的部分，在別人眼裡卻恰恰是可愛之處；自己感到自卑的地方，說不定卻正好是他人所羨慕的。曾經有一個女孩，因為嘴角長了一顆痣，而自卑到抬不起頭，直到她終於下決心把痣點掉，抬起頭來面對大家的時候，才聽到有人驚呼：「哎呀，那麼可愛的美人痣怎麼就沒了？我們想要有還沒辦法有呢！」

3 自己知道、別人不知道的「隱藏我」

適度的保護自我隱私是必要的，也是心理健康和成熟的表現。但如果隱藏我過大，則會因為壓抑和過度的自我保護，而失去平衡的人際關係。

這位朋友選擇隱藏自己真實的感受和想法、不讓他人知道，表面看起來是為了拉近與他人之間的關係，但事實上，最終反而與他人的距離越來越遠。因為，把自己包裹得太緊的人，給別人帶來的不是舒適與放鬆，而是同樣的累與緊張。

4 自己和別人都不知道的「未知我」

不敢做真實自己的人，最需要探索未知我的領域。潛意識裡的哪些聲音在深刻的影響著我們的一生？這些聲音又是從何而來？

如果我們細細探究這位朋友的問題，便會發現：在其潛意識層面，一定有一些被遺忘和壓抑的人或事，數十年如一日的影響著他的一言一行。例如：童年時代一直有人對他說「你不夠好」；一直有人對他實施情緒暴力，稍有不同想法就會責罵他……。

那麼，我們又能如何利用周哈里窗幫助這位朋友成長呢？

1「公開我」部分

建議這位朋友學習恰當的自我暴露技巧。例如：用「我句式」而不是「你句式」來表達負面感受，可以說：「我覺得有些煩，但不是你的錯。」或者用「同時」作為連接詞來表達自己的觀點，例如：「我覺得你的想法不錯，同時，我也在想……。」甚至可以嘗試主動暴露一點點自己的不自信，可以說，「我對自己不太有信心，怕你們不喜歡我，所以你們說什麼我都同意。」

當我們主動展露自己的害怕，就會發現：做真實的自己突然沒有那麼可怕了，而且，一瞬間周圍可能會突然湧現更多的善意。

2「盲目我」部分

做到自我暴露後，身邊的人就有了更多機會，來表白我們在他們心中的樣子，能夠幫助我們更全面的了解自己、增強自信。當然，就像我們眼中的缺陷，可能是他人眼中的優點一樣，我們以前認為的優點，說不定對他人而言，反而是一個需要解決的問題。

記住，如果能把他人當作鏡子和尺，藉由他人的回饋來不斷拓寬自我疆域，我們在人際交往中不舒服的感覺就會越來越少。

不過，藉由他人了解自己，並不是活在他人的評價裡。這位朋友可以主動向信任的親友蒐集幾個「正向意見」，聽聽他們是如何肯定自己的。循序漸進，直到自己不再害怕拒絕和否定。

3 「隱藏我」部分

建議這位朋友盤點一下自己的隱藏我，給這些隱私部分打分數，找出其中隱私級別最低的三個，分享給自己覺得可以傾訴的人。假如發現人際交往中，隱藏已經成為自動化行為，那麼下一次進入自動隱藏我模式的時候，在心中給自己按下暫停鍵，先喝口水，再開始慢慢的說：「我有一個想法，說出來不知道你們會不會不舒服……。」

建議這位朋友圍繞「別人的想法」，做一次詞語的自由聯想練習。當聽到「別人的想法」這五個字時，腦中都浮現出哪些詞語？不要思考和評判，把所有跳出來的詞寫下來，越多越好。寫完後看看，自己有什麼新發現。

4「未知我」部分

現在，我們一起來手繪自己的周哈里窗。

先在一張紙上，畫出一個標準的周哈里窗，然後把這個大窗分成四個小窗。

自己知道、別人也知道的部分，填寫在左上角。例如：長相、身高，一些屬於公開性質的資料──性別、籍貫、特別的習慣、公開的愛好等。

別人知道、自己不知道的部分，請分別詢問親人、戀人、朋友、同事等周圍的人，填寫在右上角。例如：口頭禪、習慣性小動作、特定的做事方法、一些無意識的個性特點等。

自己知道、別人不知道的部分，填寫在左下角。例如：童年往事、痛苦心酸的經驗、身體上的隱疾、祕密的想法等。

自己不知道、別人也不知道的部分，或把過去不知道、但現在知道了的新發現的自我，作為繼續探索「未知我」的引子，填寫在右下角。

例如：如果沒有某次因緣際會的經驗，可能從來不知道自己會演講，口才一級棒；若沒有當過班級幹部，不知道原來自己的領導力還不錯；若沒有持續的做心理諮詢和自我探索，不知道職業天花板是因為父親的期待……。

面對已經畫好的周哈里窗，可以思考下面幾個問題：

- 「公開我」部分，有沒有讓你感到不自在的？有沒有還可以添加的？
- 「盲目我」部分，讓你有什麼感覺？你贊成別人的這些觀察嗎？你覺得是什麼原因，讓你自己和別人對你的看法有這樣的差異？
- 「隱藏我」部分，問問自己，你是希望別人更加的了解你，還是寧願隱藏更多？如果公開一部分的隱藏我，可以讓你不那麼累的話，你會選擇公開哪個部分？可以用彩色筆把這部分圈出來，用箭頭拉到公開我區域去。
- 「未知我」部分，你的新發現，哪些讓你更有自信？哪些讓你難過和心痛？哪些需要支持和幫助？

你可以把自己的周哈里窗掛在書桌前，當再次遇到人際交往或職業發展的困惑時，先檢視一下：可以在哪個區域做些調整和努力？

第三章——

識別我，為什麼心裡有三個小人在打架

01 你內心住著三個小人：本我、自我、超我

我想帶大家一起欣賞一下被《中國國家地理》雜誌評為「中國最美鄉村古鎮」，位於四川的丹巴「甲居藏寨」（按：川西式的藏族村落），並透過甲居藏寨來進一步了解我們自己。

如果你去過美麗的丹巴，就會發現所有的居民都住著同樣的房屋。房屋的底部叫做底屋，住著他們的家畜；房屋的中間部分叫做居室，住著主人一家；而在房屋的頂部，是一座有四個白色尖角的小屋，四個尖角代表著山、樹、水和地，用來供奉神位。

作為心理工作者，我第一次看見那樣的房屋時，忍不住感嘆說：「這簡直就是佛洛伊德人格結構理論的現實版！」

佛洛伊德是奧地利精神病醫師、心理學家，也是精神分析學派的創始人。雖

內心的三個小人

	本我 追求快樂、避免痛苦	**自我** 本能與社會規範間的協調	**超我** 社會的理想、道德、價值觀（特別來自父母）
過於強大	活得像個原始人，非常任性、衝動，做事情不計後果。	活得像個機器人，現實目標導向、缺少想像力，過於關注眼前的利益。	活得過於遵從道德原則，面臨難以實現的完美標準，進而不斷感到焦慮、罪惡和內疚感。
過於壓抑	活得太過小心翼翼，不了解自己的感受和需要，容易產生憂鬱的情緒。	缺乏現實適應的能力和行動力，對他人言聽計從、形成依賴型人格。	衝動、我行我素、不守規則，甚至出現反社會行為。

然隨著人類社會的發展，他的一些理論和觀點被不斷的質疑和修正，但作為心理學史上第一個全面而深刻研究人格的心理學家，他的人格結構理論仍然帶給後人很大的啟發。在佛洛伊德的學說中，人格被視為從內部控制行為的一種心理機制。這種內部心理機制，決定一個人在一切情境中的行為特徵或者行為模式。他認為，完整的人格是由本我、自我、超我三部分組成。

這裡，我們先來了解本我。

本我，顧名思義是本來的我，它是人格結構中最原始的部分，從我們出生起就存在了。

構成本我的成分是人類的基本需求，如飢餓、口渴、性等。本我的需求產生時，個體要求立即滿足，從支配人性的原則而言，支配本我的是「唯樂原則」。例如，嬰兒每當感到飢餓時，就要求立刻餵奶，絕不考慮母親有無困難。

如果我們把人格結構看作一棟房子的話，本我就像甲居藏寨底屋裡住著的那些家畜——它存在於我們人格結構當中的底部，是原始而動物性的我。這樣的我，是與生俱來的，也是建立人格的基礎。

和底屋裡住著的動物們一樣，本我不考慮道德，它的目的在於追求快樂，避免痛苦，是本能和欲望的體現者，為我們整個心理活動提供能量，強烈要求發洩和滿足。

本我是人模糊不清的部分，我們平時對它幾乎一無所知。不過，只要當一個人有衝動的行為時，我們就可以看到本我在起作用了。

例如，一個人出於衝動惹是生非，將石塊扔進窗戶，無所顧忌的亂發脾氣，明知道不應該、卻忍不住傷害自己或他人，這種時候，他就處在本我的奴役之中。

本我過於強大的人，會有很多與年齡不相符的衝動性行為，容易違背社會規則和道德規範，做出一些極端的行動。而本我被過度壓抑的人，則容易產生憂鬱的情緒，發展出一些特殊的強迫症狀，這是因為本我始終想尋求表達，總有一天，被過度壓抑的本能會竄出來「搗亂」。

我們來看幾個案例。

周圍人都覺得我人很好，好相處。但其實我總是謹小慎微、心胸不開闊，擔心這個擔心那個，每天感覺很鬱悶。有事情又憋在心裡，就算有不滿，也不敢說出來，總表現出「老好人」的樣子。其實我一點都不喜歡這樣的自己。該怎麼做，才不用再一直活得小心翼翼？

這位朋友可以先用周哈里窗來整理自己，如果想要更深入了解自己，就可以從本我入手。

顯然，小心翼翼是因為本我被關押了太久，本能的需求和願望不斷被壓抑，看起來無欲無求，其實只是生命力沒有得到滋養而虛弱而已。實際上，即使是甲居藏寨底屋裡的動物，每天也會被主人放出來，在一定的區域內漫步玩耍，而主人每天的工作之一，便是為它們準備豐盛的食物。

你有沒有發現，幾乎所有的孩子都喜歡餵食動物？在丹巴的日子裡，我的女兒小圓子最喜歡的活動之一，就是跟女主人一起，在院子當中的一口大鍋裡煮豬食。煮好後，小圓子問女主人：「是我們端過去，還是叫牠們過來吃？」

我很喜歡這個問題，它讓我看見，在與本我最接近的孩子的心中，人與動物是全然平等的，餵養動物所得的快樂，就等同孩子的本我得到餵養的快樂。

遺憾的是，隨著年齡的增長，大多數人開始懷疑，甚至遺忘了這份快樂。

想釋放被壓抑的本能力量，這位朋友可以試著像個孩子一樣，在安全的區域內做回天真的自己。「藝術讓人返璞歸真」，可以試著用塗鴉的方式，來表達和宣洩自己。也可以每天做一件自己喜歡，且不傷害他人的事情，或者去幫孩子們做做義工、輔導老師，向孩子們學習如何釋放天性。

下面兩個案例正好相反。

我容易暴躁，生氣的時候很衝動、很偏激，我也不確定自己是不是有問題，但是我好怕有一天會因為我這樣的脾氣，而做出什麼事情。有時候就算是一點小事，只要不順心，我就感覺要爆發了。

我有下意識撒謊的習慣，之前一直都不覺得自己有這個問題，直到交了新的女朋友才發現。上完廁所沒洗手，女朋友問起，就說洗了，等反應過來才發現已經說出口了。這樣的事情還有好多，被發現就會吵架。明知道撒謊不好，為什麼就是控制不住？

控制不住情緒、控制不住行為，是因為本我被過度放縱了。就像家畜被放出去卻忘了召喚回來，最終會迷失在漫無邊際的生活裡。例如《紅樓夢》裡經典的「啃老族」薛蟠。他幼年喪父，母親對他縱容溺愛，五歲開始他就性情奢侈，言語傲慢。每天鬥雞走馬，遊山玩水。作為富二代，對經濟世事全然不知，全靠他人打理，成了一個廢人。

所以**對本我，既要釋放，又要管理**。就像禪宗裡著名的《牧牛圖》，我們的心性、本我，也是需要像放牧一樣來調養的。例如，當情緒上來的時候，學會拉一拉心裡的韁繩，並且告訴自己：「我的情緒我自己負責，與別人無關。」習慣性撒謊之後，學會說：「其實我只是想要妳高興，所以我剛才說的都不是真的，我真實的想法是……。」

或者更進一步練習，在開口前先深吸一口氣，把手放在心上，感受到自己的心跳後，再開始說話。這個練習看起來誇張，卻能幫你逐漸擺脫撒謊的習慣，讓你更有勇氣做自己，讓你在關係裡更坦然。

面具下的哪個我更受歡迎

分別回憶一件自己覺得最壓抑的事情，和一件最衝動的事情，看看在這兩件事情的背後，你的本我是什麼樣子。

02

人天生就自私自利？都是自我在搗亂

一個在國外留學的十七歲男孩，在電話裡聽說媽媽懷了二胎，異常冷靜的說：「去查一下是男是女，是女孩就生下來，是男孩就打掉，我絕不允許有人跟我搶家產！」

父母聽得直冒冷汗，不明白為什麼十幾年的呵護與付出，卻培養出如此冷漠的兒子；不僅如此，媽媽生下妹妹後，微信告訴他是女孩，他還要看影片確認才肯罷休。

你是不是也冒出一身冷汗？你也許會想，為什麼現在的孩子如此現實和功利？就像北京大學教授錢理群總結的那樣，現在的孩子似乎都成了「精緻的利己主義者」，成為「高智商、世俗、老道、善於表演、懂得假裝配合他人來達到自己目的的人」。

其實，並不是所有的孩子都如此，它與每個人人格結構中的自我有關。

佛洛伊德的人格理論中，自我是介於本我的動物性，和超我的神性中間的那個我，就像甲居藏寨房屋中間的居室部分。居室裡住著的主人，既要照顧底屋的家畜，又要祭祀樓頂的神靈；而自我也一樣，遵循「更好的生存現實原則」，管理著我們內心的動物世界和神性世界，讓我們得以與外部世界相處。

自我是從本我中分化出來，又透過後天的學習和接觸現實環境，而逐漸發展起來。例如，一個孩子想吃霜淇淋，可是媽媽堅決不同意，孩子的自我部分就需要站出來做一個選擇：是乖乖放棄還是討價還價，是搬來爸爸當救兵還是自己偷偷去買來吃等。

不同的應對策略，背後的內在心理動力也不一樣，佛洛伊德把它們叫做「心理防禦機制」，意思是：當自我在本我的需求受挫時，為了避免精神上的痛苦、緊張、焦慮、尷尬、罪惡感等心理，會有意無意間進行各種心理上的調整，這個調整的過程就是自我防禦。

自我防禦是自我對本我的壓抑，也是自我的一種下意識保護。在生理上，心理防禦機制可以防止，各種因受心理打擊而引起的生理疾病或神經症狀，但過分或錯誤的應用心理防禦機制，卻也可能帶來心理疾病。

每個人都會在無意識之中用到不同的防禦機制。那麼，心理防禦機制有哪些種類？心理學家根據個人成長和人格發展的成熟度，將防禦機制分為四大類。

・**第一類：自戀性防禦機制（Narcissistic Defense Mechanism）**

這種防禦機制在五歲以前的兒童、成年人的夢境和幻想，以及精神分裂症的患者中常見，主要包括精神病性否認、妄想性投射、分裂作用、歪曲作用等。

例如，孩子明明沒有吃到霜淇淋，卻告訴別人，媽媽給他買了好大一個草莓口味霜淇淋，好吃極了。對孩子來說，這並不是撒謊，而是歪曲的防禦機制在運作；但假如成人也如此，並且把幻想當真了，那就是生病了。

・**第二類：不成熟的防禦機制（Immature Defense Mechanism）**

這種防禦機制在三到十六歲的兒童和青少年，還有在人格障礙和情感障礙，以及精神疾病患者中常見，主要包括非精神病性投射、防禦認同、被動攻擊、付諸行動等。

例如，孩子吃不到霜淇淋，就把自己關起來，不肯吃飯，採取被動攻擊的防禦機制；而爸爸如果認為媽媽不買霜淇淋給孩子是小題大做，故意和媽媽作對，則是採取了投射性的防禦機制——意思是，把自己的想法投射到對方身上。

・第三類：神經性防禦機制（Neurotic Defense Mechanism）

這種防禦機制常見於焦慮、憂鬱、強迫等精神疾病患者，或成年人在突發的應激事件中的反應，主要包括壓抑、轉移、退化、隔離、反向形成、抵消、合理化等行為。

例如，媽媽面對爸爸無端的投射和指責，一氣之下回了娘家，就是「退行」，意思是：遭遇到挫折無法應付時，表現出和年齡不相稱的幼稚行為反應，放棄成熟態度和成人行為模式，讓自己退回到兒童狀態，透過依賴他人來逃避成人的責任。

・第四類：成熟的防禦機制（Mature Defense Mechanism）

這是成年人常用的防禦機制，主要包括利他、昇華、幽默等。

例如，外公和外婆聽完孩子媽媽的哭訴，沒有火上澆油指責女婿的不對，而是把這個霜淇淋事件當作案例，寫了一篇文章投給報社，總結說：「婚姻就是小夫妻的共同成長，只有成熟的人，才可以把日子過得更好。」這就是昇華。

回過頭來看本節開頭的那個案例，男孩面對突如其來的弟弟或妹妹，第一反應是獨生子地位受到威脅的焦慮和不安。

他把自己「兒子就是來繼承家產的」的想法，投射到了未出生的弟弟身上，認為如果是弟弟，一定會跟自己搶奪財產，所以要在第一時間殺死尚未出生的弟弟；與此同時，他也知道無法左右父母生二胎的決定，於是就用了合理化的防禦機制來妥協，認為「妹妹不會搶奪家產」，所以如果是妹妹，他就能接受。

不僅如此，面對父母沒有預兆和商量的告知，男孩心中其實充滿了對父母的憤怒和不滿，但又不能對父母表達，所以就透過轉移的防禦機制，把憤怒轉移到了不存在的弟弟身上，透過打掉弟弟的殘忍要求，來宣洩對父母的敵對情緒。

同時，他把內心對獨占愛的渴望，和失去愛的恐懼隔離起來，轉化為現實層面對獨占財產的需求，因為財產看起來比愛更容易掌握。

其實，幾乎所有精緻的利己主義者，內心都在發生這樣的轉化，與精神疾病患者把心理衝突轉化為軀體的症狀不同，他們更常把內心對愛和價值肯定的精神需求，轉化為物質滿足與維護現實利益。

為了確保自己在家庭和社會中的精英地位，他們會隔離自己的情感需求，步步為營，盡力讓自己的每分每秒和每一個行動都是「有用」的，都是為了達成現實目標，帶來現實的收益。如果不是這樣，他們就會喪失自我價值感和「我是值得愛」的肯定感。

一個患有焦慮症的中學生被父母送來諮詢，談到孩子的成長經歷，父母提供了一個重要的細節：孩子的外婆退休前，是一位很有權威的小學校長，做事雷厲風行，容不得半點拖延和馬虎。

從孩子出生開始，外婆就制定了嚴格的養育計畫和作息時間表。為了監督孩子的父母執行，她索性搬到了對面居住，每天監控孩子房間的燈光變化，如果沒有準時熄燈或者開燈，她馬上就會打電話過去，嚴厲斥責孩子的父母：「沒有責任心，要毀了孩子。」

你也許會倒吸一口氣，無法想像在這樣的高壓監控下，孩子會長成什麼樣子。實際上，透過他人的故事，我們可以反思自己：我們對自己、對伴侶或者對孩子，是否也在無意識間採取同樣的高壓政策，容不得生命裡有一星半點的無用和懈怠呢？

如果教育一直都是強調「doing」，即不斷的做更多來爭搶資源和賽道的話，就會有越來越多的孩子感受不到「being」，即「存在本身的意義」，他們會越來越害怕跟真實的本我待在一起，越努力就會越焦慮。

有一個朋友說：「現在是住院醫生，每天查病房、寫病歷、做研究，已經很累了。可是每天還是覺得自己不夠努力，擔心自己達不到主任的期待，擔心自己不能留院工作。平心而論，我現在已經比在醫學院的時候拚命多了，但是這樣想並不能安慰自己，每天還是很焦慮。」

這樣的焦慮，一部分來自於職業特性和任務的壓力，另一部分則來自於自我的不清晰，內心把「做更多」當作努力的尺規，但「更多」是多少？如果沒有量化的階段性目標，自我就永遠處在沒有目標的迷茫狀態。所以，如果有這樣的焦慮，一定要**進行自我職業生涯的階段性量化，減少不確定感**。

精英教育下長大的孩子，可能成為自我過於強大的人，一味的追求現實原則，卻不顧及他人的利益和需要。

還有一個朋友說：「同宿舍三年來，室友H晚上經常十二點半到凌晨一點多還在打電話，只要提醒他就會被罵；別人午睡時，他看綜藝節目從不戴耳機；喜歡貪小便宜，要人幫點外賣卻從不主動轉帳；到現在，跟全班同學的關係都很差。為什麼會有這樣自私的人？」

自私是一種道德評判，而道德的形成，源自於心理層面人格結構的塑造。道德的指責和說教幫不了利己主義者，要解決問題，需要從源頭開始，幫助他們拓寬生命價值的定義，培養其同理心。

跟這樣的人相處，直接堅定的表達「我需要」，比起說「你太自私了」更有效；形成團體規則和共識，讓他從遵守規則中獲益，比要求他按照你的想法行動更有效。

跟自我過於強大的人相處，可能會發生衝突和不快；而跟自我過於弱小的人相處，則可能會讓你更抓狂，陷入很累、很壓抑，卻又說不出原因的奇怪境地。因為自我過於弱小、甚至沒有自我的人，其人格結構處在失衡狀態，他們無力處理現實生活，不適應成人世界，很容易形成依賴性人格。

表面看起來，他們可能對你言聽計從，但相處時間久了，你會發現，你已經不小心落入了他們「依賴／控制」的遊戲陷阱裡，好像你得為他們的生命負全責，你稍加反抗，他們就會表現出極大的委屈和受傷，讓你產生強大的內疚和負罪感，好像自己真的很對不起他們一樣。

要想從這種不健康的遊戲裡跳出來，你就要學會說「不」，學會不再過度擔責，發展出健康的人我界限。

面具下的哪個我更受歡迎

對照我們談到的案例，觀察一下自己的自我是過大、過小，還是剛剛好。問問自己，過往或者當下正面臨的困擾中，自己最常使用的防禦機制可能是四大類中的哪一類。

你不用擔心自己還沒有完全了解，各種防禦機制的具體定義，只要知道：防禦機制是下意識的自我保護。真正能把自己從困擾中解脫出來的，不是去改變外界的人和事，而是改變自己使用的防禦機制，這樣，你對自己的生命就擁有了更大的主動權。

03

超我太強大，你會活得很辛苦

甲居藏寨房屋的頂部，留著用來供奉神位，象徵著人和神連接的通道。而這個神，對應到我們自己身上，意味著什麼？

我們來看幾個案例，透過別人的故事，了解自己。下面這個案例，相信每個參加過大學聯考的人，應該都不陌生。

一位大二的學生，從以前上高中開始就非常焦慮，甚至伴隨著憂鬱。好不容易從偏遠的小城市考進理想的大學，本來以為可以鬆一口氣了。但是，當他發現周圍都是家庭條件比他好，也更優秀的人時，他又陷入了更深的焦慮。

生活環境、學習方式和社會角色的轉變，讓他和所有的大學新生一樣，陷入了心理失衡期。幸運的是，他找到了諮詢師，在諮詢師的陪伴下，他有驚無險的完成了角色的轉換和適應，慢慢進入了學習的狀態。

可是，一天滿滿十四個小時的學習安排，仍然讓他覺得自己太懈怠了，每當想要放鬆和休息的時候，心裡就會產生無盡的罪惡感和內疚。接著他就會聯想到自己可能不那麼完美、未來也還不清楚要做什麼。他越想內心越恐懼，越是覺得自己不敢懈怠，反而越沒有辦法重新投入學習。

於是，這個時候本我就跳了出來，他開始打遊戲、睡懶覺，追各式各樣無聊的電視劇。而自我呢，則表現得越來越拖延，哪怕一件很簡單的事情，也總是拖著不去做，連打電話都成了難題。

與此同時，一個聲音始終在他耳邊迴響：你太墮落了，你真是無可救藥，你這輩子也別指望過自己想要的生活了。

那麼，這個聲音到底來自哪裡？

我們想像一下，就像住在甲居藏寨最頂層的神，在我們人格結構的頂部，也供著一個類似的神，祂更像道德員警，時時刻刻監督著我們。而他的臺詞，我們耳熟能詳，往往來自童年時代父母的教導，來自老師或者他人的評判，甚至可能來自鄰居的表揚，那種羨慕又充滿壓力的描述。

這些外界的要求和碎碎念，逐漸凝聚成了強大的、各式各樣的「你應該」、「你必須」、「你要怎樣」，時刻監督著我們不要犯錯，也時刻傳遞著家庭的某些信條。例如：「玩是可恥的，你必須出人頭地，以後才有好日子過。」而這些聲音既讓人緊張和不安，又轉化成為我們的一部分，佛洛伊德給它取了一個名字，叫做「超我」。

什麼是超我？通俗的說，就是人的道德良心和自我理想，它就像人格結構中的司法部，要求我們遵從完美和至高的標準，而不是快樂原則，要求我們恪守各種規範，滿足外界的要求，而不允許犯錯。

如果說，本我代表「我想要」，自我代表「我能要」的話，超我則代表著「我應該要」。影響超我的最主要因素，往往是父母過於嚴格的要求和過度的完美主義。這會導致孩子的超我過於強大，時時刻刻充滿評判，就像案例中的這位大學生一樣，想要放鬆的時候，總有一種聲音在提醒他、監督他、拷問他。

作為人格結構的一部分，就像本我和自我一樣，超我有必要存在，也必然會存在。我們認識它，不是為了消滅它，而是了解它是否過於強大或者弱小，以及給我們帶來怎樣的影響。

我們來看一看，超我過於強大的人會怎麼樣。

一位企業部門女性經理，三十歲，未婚，工作能力非常出色。部屬們跟著她學到了很多，而且在工作表現上也都很有成就。

但私底下，卻沒有一個人喜歡這位經理。原因之一是她簡直就是個工作狂，導致部門裡所有人都跟著一起神經緊張，沒日沒夜的加班。尤其假期的時候，她不僅自己不分晝夜的工作，而且隨時隨地都可能打電話給部屬，點兵點將。

當意識到自己再這樣下去會出現問題的時候，她走進了諮詢室，說她有假期恐懼症，雖然明明知道身體和心靈都應該放鬆，但是心底總有一個聲音，時時刻刻在提醒著她：「妳如果不忙碌，就沒有價值，就隨時隨地可能被人取而代之。」

諮詢當中，她回憶起小的時候，每當特別渴望媽媽多點時間陪伴自己時，媽媽就會說：「我要是不忙，怎麼能給妳創造更好的生活？我如果不忙碌，別人就可能取代我。我現在已經竭盡全力來陪妳了，妳還要我怎樣？」

媽媽的聲音和完美主義，逐漸內化成了她自己的一部分，最後她發現自己不敢停下來。不僅如此，她還發現，她對不想加班的部屬也是零容忍。在她看來，不想加班就是不努力，而不努力就是墮落的。她的工作信條是：一〇〇％的完成，不算完成；一二〇％的完成，才算完成。

由此可見，超我過於強大的人，不僅對自己充滿批判，過得非常糾結，而且也會不自覺的對他人充滿道德的審判，所以人際交往經常會發生困難。超我過於強大的人，他們與人交往的時候，心底似乎總是會不由自主挑剔別人的不足，儘管他們知道自己內心孤獨、渴望朋友。但另一方面，又總是覺得周圍的人配不上自己。更準確的說，是配不上自己那個強大的超我。

他們無論是在友情、愛情還是家庭生活當中，都渴望尋找一個完美的形象，可是這個世界上哪有完美的人？所以，他們的各種關係中，就會出現越來越多的挑戰和問題。

有一部分「剩男剩女」，就是由於這個原因造成的。就像這位工作狂女主管，明明知道假期應該放鬆休息，但還是忍不住想要打電話給部屬，要求他們和自己一樣討論工作，不能懈怠。她明明很渴望愛情，但是又不敢談情說愛，因為總覺得遇不到完美的人。其實，他們更害怕的，是別人發現自己的不完美。

除了習慣評判他人、自己，導致人際關係緊張，超我過於強大還會帶來另一種比較顯著的日常生活表現，那就是性。

有一個案例來自佛洛伊德，非常經典。

少女杜拉，因為反覆咳嗽、說不出話、肚子疼，被爸爸帶來見佛洛伊德。諮詢過程當中，杜拉提到一位K先生對她性騷擾。

可是，佛洛伊德從後來的分析裡發現，其實是少女杜拉自己對K先生有了情感，產生了暗戀的情愫。另外，杜拉又對性有著強烈的羞恥感，於是才出現了各式各樣的生理症狀，來掩蓋自己內心的不安。

現實生活當中，或許很難碰到非常極端的案例，不過我們經常會發現，婚姻當中困擾夫妻雙方的性生活失調問題，有一部分可能來自女性在超我層面上對性的不恰當觀念，例如只有放蕩的女人，才會主動要求性的滿足。

那麼，超我過弱的人又會怎麼樣？同樣，我們先來看看人際交往方面，當一個人的超我過於薄弱的時候，它的表現可能過於衝動，過於我行我素，不守規則，容易出現攻擊行為，甚至是反社會的行為。

我們再來看性的方面。如果超我過於薄弱，則可能會出現性行為的過度隨意和氾濫。在佛洛伊德之後，心理學家進一步研究發現，薄弱的超我、嚴厲的超我、越軌的超我，都可能導致犯罪行為的產生。就算不犯罪，也很難自在的過好一生。

透過探討超我，我們知道超我的形成源自父母過度嚴格的教導，和我們身處的社會文化的要求，在我們成長的過程當中，被內化成各種觀念和想法，導致我們的超我過於強大或弱小。它會影響到我們的人際關係、戀愛、婚姻。

如何平衡本我、自我和超我之間的關係，完成人格的整合，是我們每個人一生都要面對的課題。

面具下的哪個我更受歡迎

給自己一段安靜的時間，寫一寫哪些是從父母、長輩和權威而來，在超我層面上影響你對自我的評判和規範。看一看，是哪些信念在你的身上不斷重複著，又是哪些聲音會經常跳出來，指責你及周遭的事務？

04

三個「我」不打架，人生最幸福

一位職場媽媽表面看起來每天精神抖擻、光鮮亮麗，實際上生活過得一團混亂。每天早上想多睡一會兒都不行，兩歲的寶寶天還沒亮就會來捏她鼻子、抓她頭髮，她忍著渾身疼痛爬起來，邊做早飯邊哄小孩；吃完早飯後把孩子送到長輩家裡，忍受著孩子撕心裂肺的哭喊逃去上班，一整天對同事和客戶滿臉笑容、談笑風生，心底卻充滿了對孩子的愧疚。

好不容易到下班時間了，懷著二胎還經常加班的主管，又動不動要召集全員開會……終於回到家裡了，一路上想像著母慈子孝，見到寶寶後卻變成了雞飛狗跳；希望老公幫忙，一開口卻成了「你就知道整天上網打遊戲」，結果常常是兩人大吵一架，然後冷戰幾天，上班的時候更無法集中注意力。

這位媽媽兩年多前就面臨生孩子還是升職的選擇，全家人一面倒，堅決要求她早點生孩子，結果眼看著能力不如自己的人都晉升了，想努力扳回局面，兼顧工作和家庭，卻發現太難了，每天都像穿著高跟鞋走鋼絲一樣無比焦慮。

走鋼絲的職場媽媽，比比皆是。這些年，我給企業講得最多的課程之一就是「工作與生活的平衡」。在我看來，**真正的平衡是動態的遺憾，而不是靜態的完美**；是不斷進行的人格整合與完善，而不是一蹴而就的神奇技巧。

什麼意思呢？很多年前，我曾經給某雜誌專欄寫過一篇文章，講E型女性的心理壓力。E，是英文單字excellent的首字母，也是「Everything to Everyone」的縮寫，意思是：一切都要面面俱到，做到最好。

E型女性的概念，來自美國心理學博士布莉克（Harriet Braiker）。隨著時代的發展，我們發現越來越多職業女性，竭盡全力想要在事業和家庭兩方面做到完美，覺得那樣才是平衡，但往往越努力，越崩潰，顧此失彼，沒有辦法實現真正的平衡。

事實上，職場中無論男女，平衡都是一項挑戰。一項調查顯示，中國有六五％的人抱怨自己工作與生活失衡，韓國人的失衡比例更高達九五％。如果說，不平衡是現實的話，我們只有**重新定義平衡，才能讓自己過得更好**。

從心理學角度來看，真正的平衡來自我們與自己和解，來自人格的高度整合。心理學中的「人格」，是指構成一個人的思想、情感和行為的特有統合模式，包含一個人有別於其他人的，穩定而統一的心理品質。「整合」，則是指構成人格的各層面之間，彼此接納而不衝突、彼此支持而不排斥。

人格的整合度越高，我們越能夠動態的調整工作和生活的節奏，而不是糾結於面面俱到的完美主義。

佛洛伊德的人格理論中，完整的人格結構由三大系統組成，即本我、自我和超我。對一個心智健全的人而言，這三大系統是和諧統一的整體，它們密切配合，使人能夠成功展開與外界環境的各種交往，以此滿足自己的基本需要和欲望，實現崇高理想與目的。反過來，如果人格的三大系統難以協調、相互衝突，人就會處於失常狀態，內外交困，活動效率也隨之降低，甚至危及人的生存和發展。

當生兒育女與自我的職業發展需求相衝突時，不少女性就會陷入兩難：勉強選擇生孩子的，常常心懷委屈和犧牲感，日後跟老公和婆婆的相處便會出現問題，認為「我為你們生了孩子，你們對我卻不夠好」；堅決選擇升職而不要孩子的，又會面對別人異樣的眼光，以及同學聚會時的尷尬和長輩們的抱怨與指責。

這個時候，超我如果過於弱小，就會任由本我或自我任性而為，一面倒；如果超我過於強大，則又會不斷打擊本我或自我，認為它們把事情搞砸了，責備它們無法面面俱到。

案例中的媽媽，就屬於後者。強大的超我希望她無論在職場還是家庭中，都能夠表現完美，然而，誰的生活不是間歇性的「一團混亂」呢？一團混亂並不可怕，可怕的是人格結構中的「三個我」不斷打架。

我們每個人的心理能量，都分布在本我、自我、超我這三個「我」中，並在三個「我」之間互相流動和轉化。人格結構不是一種靜態的能量系統，而是動態的，是在不斷的「平衡、失衡、再平衡」的過程中發展。而人格的整合，就是不斷完成動態的調整，完成三個「我」之間的得失取捨，以及完成內在能量統一和平衡的過程。

從整合的角度看：

- 如果本我過於強大，一個人會活得像原始人，非常任性、衝動，做事情不計後果；而本我過於弱小，又會活得太過謹小慎微，不了解自己的感受和需要，活得不真實。
- 如果自我過於強大，則會活得像個機器人，目的性過強、缺少想像力，過於關注眼前的現實利益，成為一個精緻的利己主義者；而自我過於弱小，又會缺乏現實適應的能力和行動力，沒辦法照顧好自己。
- 薄弱的超我、嚴厲的超我和越軌的超我，都可能導致犯罪行為。就算不犯罪，也很難過好一生。

我們先來看薄弱的超我。

一位朋友問：「我為什麼那麼缺乏行動力呢？我天天想讓自己變得更好，天天立志、訂目標，但從來沒有完成過。心底裡總有個小人跳出來說：哎呀，先玩一會，先睡一會再說吧。然後就把什麼都忘了，開心夠了又後悔。我覺得自己就是那種什麼道理都懂，卻過不好人生的人，怎麼辦呢？」

「開心夠了又後悔」，是因為薄弱的超我沒有管住強大的本我，所以總是及時行樂，結果讓想要獲得現實利益的自我感到不滿。

薄弱的超我帶來的最嚴重後果，可能是形成反社會人格。如果受虐待、得不到愛護和照顧的孩子強烈抵制父母，拒絕承認社會規範，超我的發展就會受到阻礙，形成反社會人格。他們會表現出：不可靠，不誠實，缺乏自責或羞恥，缺乏判斷力、洞察力，行為衝動等。他們往往不計後果，無視傳統的規則與程序，冷漠，幾乎沒有一生的計畫，幾乎沒有罪責感，較早表現出持續和普遍的行為問題，虛張聲勢、輕浮、好出風頭，容易與權威人物發生衝突，跟別人隔離，內心感到孤立、缺乏愛、對他人感到絕望。

我們再來看嚴厲的超我。

一個十四歲的男孩被媽媽帶來見我。兩個月前，男孩的爸爸因病去世，男孩突然之間從好學生變成了問題少年，又是打架又是抽菸，還頂撞老師，動不動就說：「怎麼樣？有本事你們開除我啊！」

原來，在爸爸生前，男孩跟他的關係一直非常糟糕，因為爸爸經常喝酒罵人，男孩最憤怒的時候曾經在心裡詛咒他：「快點死掉算了。」沒想到，爸爸真的突然生病走了，男孩嚴厲的超我就跳了出來，痛斥他自己的邪惡念頭，認為是自己的詛咒害死了父親，所以該下地獄。

可是，嚴厲的超我同時又告訴他：「你對不起你媽媽，所以你要一輩子痛苦的活著贖罪！」帶著這樣的內疚和罪惡感，他開始自虐似的製造出各種問題，好像只有被打和被處罰，才會讓自己好過一些。

內疚感和罪惡感，是所有負面情感中最具毀滅性的情緒，它可以熄滅一個人對生命的熱忱，讓人感到絕望和窒息，有一種永遠也無法還得清、永遠也無法抬起頭來的感覺。在親密關係中，內疚感也常常被當作控制對方的工具和手段。

例如討好型人格障礙患者，就常常用自我犧牲來喚起別人的內疚，從而把對方牢牢的置於自己的控制之下，結果卻只能讓對方感到窒息而遠離，最終導致親密關係破裂。

最後，我們來看看越軌的超我。

一位三十歲的女性，因為自己出軌而與丈夫離婚，但她並沒有選擇與第三者在一起，而是繼續與不同的已婚男性交往，覺得這樣才刺激，也才能證明自己非常有魅力。

直到有一天，一位丈夫外遇的妻子衝到公司去打了她，讓她丟了工作，這位女性才被母親求著前來諮詢。母親說：「我們老年得子，對女兒百依百順，從小別人有什麼，她也一定要有。她經常搶別的小朋友的東西，我們不但不制止，還想盡辦法滿足她。但現在，總不能去搶別人的丈夫來給她吧？」

可以想像，這樣享受著特權長大的孩子，超我的潛臺詞是：你想要什麼就應該得到什麼，搶別人的東西能證明你有能力。這樣的超我，就是越軌的超我，它會讓一個人對自己的行為沒有內疚、衝突和罪惡感，從而無法自我約束。外在的失衡，往往是由內在的失衡所導致。所以，人格的不斷完善和整合，是一個進行式，透過我們一生不斷參與學習、工作、戀愛等活動來推進。

具體來說，我們可以這麼做：

1 了解自己人生發展不同階段下的需求，學會最小化滿足。

我常常讓來訪者和學員，透過畫角色圓餅圖來梳理自己，看一看在不同人生階段，該如何調整這些餅的大小，才可以讓整體感受變得更好。

例如：作為兩歲孩子的媽媽，養育的角色需求大於職業角色的需求，那麼就允許自己降低職業發展的目標和速度，確保自己最重要的需要得到滿足；與此同時，針對母親、職員、妻子、自己等不同角色，遵循最小化滿足的原則，也就是給每個角色至少保留一點點時間和精力，但完全不需要平均分配，只要有最小的滿足，就已經足夠好了。

2 接納不完美的自己，接納人生總有遺憾的事實，創造性的解決問題。

以前有一則新聞，讓很多職場媽媽們很感慨：澳大利亞聯邦議會上，一位女議員邊開會邊哺乳。這位女議員自豪的說：「我們的議會，需要更多像我這樣的女議員和父母。」——其實，每個人都在與現實的不斷衝突與和解中生存著，真正的平衡，不是把每個角色都做到完美，而是每個角色之間互相滋養。

3 整理潛意識裡壓抑的感受和能量，釋放持久的生命力、向上生長。

問問自己：你的意識層面認為什麼是最重要的？你的內心深處又在執行怎樣的標準？

再問問自己：從小到大，你頭腦中哪些聲音經常跳出來，阻礙你更輕鬆的做自己？

不斷的練習後，你會慢慢打開鎖住自己的無形枷鎖，綻放自己的生命力。

最後，教大家一些與他人建立共同人格、相互整合與完善的方法：

- 戀人之間：本我的同頻共振，自我的親密與獨立，超我的相互理解、接納，以及調整。

- 同事之間：本我增強情感連接，管理情緒衝突；自我相互支持；放下超我評判。
- 上下級之間：放更多重心在呈現自我的能力上。
- 親子之間：繞開超我來談心，走進孩子心裡。

美好的丹巴甲居藏寨，屹立千年，始終內在祥和安寧。

那裡是著名的女兒國，男主人跟我們分享他如何「嫁」到女方家裡的時候，很自豪也很幸福，沒有一丁點的不安。這就是人格整合狀態下的平衡。

願你也能餵養好自己的家畜，照顧好自己的家人，維護好自己的理想。

05 怎麼跟自戀型人格障礙的人相處？

相信你曾有這樣的經歷：某個時刻突然拍案而起，說：「我身邊怎麼會有這麼自私的一個人！」

自私的人到處都有，尤其是在精緻的利己主義時代，套用流行的話來說，就是「精緻的皮囊千篇一律，無私的靈魂萬裡挑一」。但「自私」本身並不是一個心理學用語，它含有較多的道德評判。如果用心理學來分析和解釋的話，這樣描述會更準確：「自我中心，缺少同理心，缺乏自我覺察能力，漠視他人的感覺和需求，堅信自己的資格和權利，注重現實利益，表現倨傲無禮，在人際交往中喜歡剝削和利用他人。」

這樣的描述，占自戀型人格障礙診斷九條標準的五條以上，已經符合確診要求了。但診斷是精神科醫生的事，心理諮詢師沒有權利給任何人貼上任何標籤。不過，準確的了解一個人外部行為背後的心理原因，可以幫助我們在與他打交道的時候，更能做我們自己，免受他的傷害。

> 我的新婚妻子或許是因為小時候缺愛和自卑，在生活中總是活在自己的感覺裡，任何時候都會逃避自己的錯誤，把事情弄成別人虧欠她很多的感覺，特別在意自己，必須有優越感，希望在環境中是那個被羨慕的人。但她平時特別沒有自信，沒有興趣愛好，只想出去玩，很懶散。我覺得生活好沉重，怎麼辦？

這是一位先生的來信。雖然我不贊成僅憑單方面的描述，就輕易做任何判斷或結論，但為了幫助大家理解，姑且用「疑似自戀型人格障礙」來嘗試解讀。

自戀型人格障礙，是人格失衡導致病態的類型之一，產生的原因主要有兩種。第一種是兒童及青少年時期，來自家庭和學校的關愛與讚揚太少或太多。關愛和讚揚太少會導致自卑，出現自我補償過度；太多會導致自大，對自己期望過度。第二種是後期成長中學習和工作特別順利，導致自信心膨脹，產生嬰兒式的全能自戀，認為自己就是世界的中心。就像作家安東尼所說：「我談過最長的戀愛，就是自戀，我愛自己，沒有情敵。」

適度的自戀是健康的，但如果成了人格障礙，則會讓周圍的人苦不堪言，自己也很難幸福。除了前文提到的，自戀型人格障礙的特徵還包括以下幾個方面。

- 對自己的重要性有誇大的感覺，誇大自己的成就和才能，沒有相應的成就卻希望被看作出類拔萃。
- 幻想無止境的成功、權力、才華、美貌或理想愛情。
- 相信自己是獨一無二的、平常人不可能理解或不配與之交往。
- 需要極度的讚美。

對利己主義者來說，他們往往自我過於強大，更看重眼前的現實利益。直接對他們說「不」，比在背後議論紛紛，或者生他的悶氣更有效；同時，可以邀請他一起參與公益活動，讓他的內心被真正健康的愛溫暖。

跟利己主義者強大的自我形成強烈對比的，是那些依賴型的人，與他們交往同樣需要警惕。例如，有的情侶在戀愛中，另一半會非常黏人，不顧對方的作息時間、工作節奏，稍微慢一點回覆訊息就會情緒爆發，一口氣打幾十通電話。再如一些依賴型的妻子，特別害怕丈夫出差，因為她們不論大小事，都需要讓丈夫來決定，丈夫一走，就什麼都做不了。

這類人往往自我過於弱小，與其相處時要學會把他們的問題還給他們，學會不過度承擔，發展出健康的人我界限來。

> 我總是努力討好別人，有時候感覺把自己放得很低，特別會考慮他人的感受。這讓我很累、很被動，越來越自卑，我心裡也不想這樣，我該怎麼辦？

這個問題，也可以從不同的角度來回答。在這裡，我們從人格整合的角度來分析。

- 先看本我。當一個人感覺很累、很被動時，本我通常處於非常壓抑、生命力不足的狀態。問問自己：如果沒有任何擔憂和顧慮，你會怎麼做？如果你是自己的孩子，你會如何養育這個孩子、釋放他的天性？回想並重複小時候最喜歡做的事情，可以幫你重新與本我連接；瑜伽、正念、跑步等，可以幫助本我慢慢復活。

• 再看自我。自我的策略是把自己放得很低來討好別人，結果是討好了別人卻傷害了自己。這樣的自我有人際交往和適應社會的願望，但缺乏技巧與經驗，需要針對性的學習與實踐。可以多參與人際交往團體和人際溝通訓練，一步步把低到塵埃裡的自我扶起來。

• 最後看超我。超我是最大的統治者，也是導致自卑的元凶。你聽，超我在說：「你必須討好別人，因為別人的感受比你的重要！」回想一下，這個聲音最早來自哪裡？如果這不是真的，你願不願意修改這句錯誤的臺詞？當你把這句話改為「我必須討好自己，我的感受和別人的一樣重要」的時候，你的感覺會有什麼不一樣？

完成這三個部分的探索後，想像他們是你心中的三個小人，以前互不理解、劍拔弩張，現在相互支持、抱團取暖。每天想像十分鐘，你的能量會重新回到你的生命裡。願我們都能被自己溫柔以待。

第四章——

找到我，讀懂自己的內在需求

01

一定要他買房妳才嫁？妳被集體無意識綁架了

一個談了四年戀愛的女孩，她的苦惱是：跟男朋友在感情上已經到了非君莫嫁的地步，但是現實層面上兩人面臨一個巨大的衝突——男朋友是事業剛起步的年輕藝術家，喜歡天馬行空、無拘無束，不願意做房奴，覺得租房子一樣可以結婚；而她的父母，卻覺得買房是最基本的結婚條件，沒有房子算什麼家！

女孩剛開始還跟男朋友站在同一邊，也覺得租房很浪漫，可以體驗不同的居住環境；可是隨著越來越多親友勸說：「他不買房給妳，要麼說明不夠愛妳，要麼說明沒有責任心。」讓她也開始動搖起來，開始跟男朋友賭氣、爭吵，甚至鬧到了要分手的地步。

她一方面生男朋友的氣，一方面也生親友的氣，覺得是他們一步步破壞了原本單純美好的愛情。

看起來，女孩是受到了親友的影響。事實上，在親友背後還有一個更大的影響勢力，大到影響著一代又一代的人，而每個人都沒有覺察到它的存在，那就是：「集體無意識」。

集體無意識，是佛洛伊德的學生、瑞士心理學家榮格（Carl Gustav Jung）提出的一個重要概念。還記得前文提過佛洛伊德的冰山理論嗎？冰山露在水面上的一小部分，可以被我們覺察和認識的叫做意識，例如：「我知道男朋友不買房，不是因為不愛我，而是他熱愛自由和藝術的生活。」冰山藏水面下的大部分，則是無意識或者潛意識，它們通常無法被覺察和認知，卻更深層的影響著我們的言行和選擇，例如：「只有擁有固定的居所才是安全的，自己的房子才是家。」

榮格在佛洛伊德理論的基礎上，進一步提出：無意識分為個人無意識和集體無意識兩部分。他用了一個形象的比喻來說明：「高出水面的一些小島，代表一些人個體意識的覺醒部分；水面下的部分，代表個體的個人無意識；而作為基地的海床，就是集體無意識。」

集體無意識又叫集體潛意識，通俗來說，就是族群的祖先們遺傳給我們的生存經驗和情感體驗，潛伏在我們心理的最深層，就像一組組心理文化的遺傳基因密碼，作為一種典型的群體心理現象，無處不在。

我們幾乎意識不到、覺察不到它的存在，卻無時無刻活在它的影響之下，在一定條件下會被喚醒、啟動，決定著每個民族的不同性格、行為和社會發展。

中國自古以來以農耕文化為主，農耕時代的特點就是：定居和聚居，建造房屋，飼養家畜，自己的房屋成了家的意象代表。

雖然幾千年以來，中國也在經歷從農業時代到工業時代，再到智慧資訊時代的變遷，但關於家的意象根深蒂固，就像老話所說：「金窩、銀窩不如自己的狗窩。」買房、建房就成了一代代人努力完成的大事。

而西方國家深受遊牧文化影響，哪裡有機會就去哪裡，習慣了分散和流動居住，沒有安居樂業的文化影響，所以「家」的概念和不動產並沒有直接關聯，在這種集體無意識下成長的年輕人，就不太能承受買房才能結婚的巨大壓力和束縛。

意識到了這一點，女孩對親友的抱怨化為理解，但她不能理解為什麼同樣作為中國人，男朋友就沒有這麼強烈的買房意願。

我問她男朋友的籍貫，她說：「內蒙古。」這可能是一個巧合，但偶然之中包含必然，蒙古族的先祖們從漁獵到農耕，再變成遊牧，逐草而居使他們生存得更好。而在他們的文化中，有一種說法是：「要是固定在一地，大地母親就會疼痛，我們不停搬遷就像血液在流動，大地母親就感到舒服。」這些文化背景，她男朋友或許全然不知，但集體無意識的影響，卻一樣在他的血脈裡流淌。

了解了這些，原來關於「買房才是愛，有房才有家」的意識局限在女孩心中打開來，她最終可以安心的與男朋友一起，享受她內心也很認同的遊牧生活了。

集體無意識通常會透過「原型」和「本能」表現出來。本能比較好理解，榮格認為，「只有那些來自遺傳、普遍一致、反覆發生的潛意識過程，才能稱為本能過程」。本能是行動的典型方式，本質上是一種集體現象，與個人的獨特性沒有任何關係，例如人不需要透過親身經驗，就會產生對黑暗和蛇的恐懼等。

那麼，什麼是原型？榮格所說的原型，是指在人類遠古神話、宗教、藝術、哲學，以及其他一切文化領域中反覆出現的共同形象。可以是人，例如英雄、智者、魔女；也可以是物，例如大地、曼陀羅圖案，還可以是一種儀式化的過程。有多少典型的生活情境，就可以有多少原型，原型是人類共同經驗和情感的心理投射，是受集體無意識決定的心理內驅力。

例如，大家熟知的圖騰，就是各個民族集體無意識的原型表現。中國的圖騰——龍，是中國人想像中的完美生物，它具備所有動物的優點，海陸空全能，呼風喚雨，騰雲駕霧。龍圖騰的象徵意義就是，人們追求龍的境界，不斷取長補短，完善自己，夢想終有一天能叱吒風雲。

龍圖騰代表的那部分集體無意識，又是如何影響著今天的我們？

一個具有心理學專業背景的媽媽來諮詢，她雖然在意識層面認同快樂比知識更重要，但當孩子從幼稚園步入小學階段時，她的養育焦慮就逐漸打敗了她的專業認知。

她說老師在班級群組裡不斷提醒各位家長：「成龍上天、成蛇鑽草，要讓孩子成龍成鳳，爸爸媽媽就不能太放鬆了！」久而久之，她也開始動搖起來，尤其是當老師把她叫到辦公室單獨談話的時候，她更有羞愧和內疚感，擔心自己原來的想法，會不會把本來可以上天的龍兒子耽誤了。

龍的精神，一方面鼓舞著人們向上、積極和堅強，一方面又有可能在我們的內心埋下一顆種子，認為只有成龍成鳳才是高人一等，只有高人一等才能成功。

不僅有圖騰這種原型的表現形式，人類還可能有出生原型、再生原型、死亡原型、智慧原型、英雄原型、大地母親原型，以及許多自然物如樹林原型、太陽原型、月亮原型、動物原型，還有許多人造物如圓圈原型、武器原型等。

榮格認為「陰影、人格面具、自性、阿尼瑪和阿尼瑪斯」是原型之中最為典型和重要的。其中，陰影、人格面具及自性，在後文會詳細講解。現在，我們先來了解阿尼瑪和阿尼瑪斯。

簡單來說，阿尼瑪原型是男性心中的女性意象，阿尼瑪斯則是女性心中的男性意象，分別代表了我們每個人人格組成中，都具備的潛在女性傾向和男性傾向。代表女性傾向的阿尼瑪，非常自動自發、依靠直覺，跟人格中的情緒和生命力有關；代表男性傾向的阿尼瑪斯，則強調理性主義，愛追根究柢。

反面的阿尼瑪斯在神話傳說中扮演強盜和兇手，甚至還會以死神的面目出現；而正面的阿尼瑪斯則能夠代表事業心、勇氣、真摯以及精神。

你的身上是不是也具有這兩個方面的傾向？哪個部分表現得更明顯？

母親往往是男孩的阿尼瑪化身。如果一個人的母親對他有負面的影響，他的阿尼瑪就經常有暴躁易怒、憂鬱沮喪、優柔寡斷、擔驚受怕、過於敏感等負面表現；如果母親對他的影響基本上是正面的，那麼其阿尼瑪就被內化為自己「夢中情人」的形象。

父親則常常成為女孩阿尼瑪斯的化身。如果女孩對自己的父親喪失信心，她對男性的理想化也就可能喪失依託，充滿不信任感，或者渴望一個完美的男性來彌補自己理想化父親的缺失；如果父親對她的影響是正面的，那麼其阿尼瑪斯就會被內化為自己心中「白馬王子」的形象，她也更容易在兩性關係中獲得幸福感。

十多年前，一位現實版的落跑新娘來諮詢。她談過三場戀愛，每一場都是談到論及婚嫁，她就逃跑了，離開原來生活的城市和圈子，跑得無影無蹤，連以前的普通朋友也都要切斷聯繫。

我請她描述父母在她心目中的形象，她說：「從來沒見過父親，母親每次提起他，都會咬牙切齒的說：『妳記著，男人沒有一個好東西！』」

這位新娘的困境，相信你能分析出個大概了。

正像榮格所說：「個體化的自然進程裡，首要就是形成一個穩固而強壯的自我，個體因而能於世上確立一種自我感。隨之而來的，便是與他人及其置身其中的集體文化發生關聯。」認識到這些關聯，是進一步了解自我的必經之路。

面具下的哪個我更受歡迎

寫一寫你記憶中印象深刻的「古訓」或者俗語，看看它們如何影響你的觀念和行為。

02

初戀總是最難忘，這是未完成情結作祟

A先生是一個人見人誇的好男人，工作家庭面面俱到，對妻子更是好得不得了。結婚十年，他沒捨得讓妻子洗過一次碗、拖過一次地，出門還會幫妻子拿包包、繫鞋帶，讓周圍的女士們十分羨慕和嫉妒，就是活生生的「別人家的老公」。可是，就是這個「別人家的老公」，居然在一場同學聚會後，突然像變了個人一樣，開始魂不守舍、鬼鬼祟祟，在家裡也手機不離身，還常常躲到廁所裡去接電話。

妻子開始擔心他是不是陷入傳銷組織，連連逼問之下，他全盤托出實情：原來，聚會上得知自己的初戀過得不如意，他突然產生了深深的內疚感——雖然當年是初戀主動離開他的，他對初戀也早已沒有了愛戀，但他仍然控制不住自責的想：「如果當年自己堅持把她留下，也許她就不會像現在這麼可憐了。」

因為自責，所以心裡開始牽掛，他總想著該怎麼幫她。一來二去，初戀越來越依賴他，讓他方寸大亂，一時間分不清自己到底只是同情還是愛情復燃了。

妻子得知真相後，又震驚又傷心，怎麼也不相信他居然也會有「外遇」。諮詢室裡，妻子一把鼻涕一把淚的說：「我是那麼相信他，當年嫁給他就是看中他的人品，覺得全世界男人都有外遇了他也不會，誰知道他竟然也是這樣的人！」

我問A先生：「你老婆以前很信任你，覺得你不會是有外遇的人，你怎麼看自己的呢？你相信自己是這樣的人嗎？」

A先生說：「以前我相信，我從來沒有做過對不起老婆的事，而且還勸別的朋友也別做。可是現在，我自己也糊塗了……一方面，我從來沒想過背叛婚姻，但心裡好像真的放不下初戀，總覺得該為她做點什麼；另一方面，又覺得這樣對不起老婆……如果這真的是外遇的話，我就太鄙視我自己了。」

A先生的內心到底發生了什麼？

不知道你有沒有注意到，案例中的三個關鍵描述：當年是初戀女友主動提出的分手，現在覺得內疚的卻是A先生；初戀過得不好，A先生感覺到的是自責，卻不是心痛；A先生想為初戀做點什麼，而不是想跟她在一起。

你可能聽說過不少「有了現任，難忘前任」的故事，也聽說過、甚至經歷過很多男性對初戀數十年還念念不忘的情況。不知道你是否像心理諮詢師一樣發現這一點：這些念念不忘的，大多數是當年被分手的人；而那些當年主動離開的人，反而較少會有這樣的牽掛、內疚和自責。

這個悖論發生的原因在於：主動選擇分手的一方，已經在形式和內容上都完成了關係的終結，完成了自己作為前任的角色體驗；而被分手的一方，則突然被剝奪了完成這段關係和角色體驗的權利，在愛情中聚集的心理能量，突然失去了傾注的方向，原本的計畫和設想，也都突然被宣告死亡。這些突然的喪失，會讓人充滿遺憾和內疚，只要有機會，就希望能做些什麼來完成它。

把這種現象叫做蔡加尼克效應（Zeigarnik effect），也稱為未完成情結。

蘇聯心理學家蔡加尼克（Bluma Zeigarnik）做過這樣一個實驗：她邀請了三十二位受試者參與她的實驗，要求每個受試者都去做二十件指定的工作。其中一半的工作在未加干擾的狀態下，允許受試者完成；另一半的工作在受試者執行的中途加以阻止，讓受試者不能完成。實驗結果發現，受試者對沒有完成的工作的記憶，比對已經完成的工作更多。未完成的工作平均可回憶起六八％，而已經完成的工作只能回憶起四三％。

換句話說，人們更容易忘記已經完成的事，而對未完成的事念念不忘。例如A先生，初戀是他「未能完成的」、「不成功的」事件，所以才會在有機會完成時，回到以前戛然而止的關係中，透過內疚、自責和為對方做些事情，來扳回自己失敗者的體驗，重建價值感。

其實，妻子最初的信任並沒有錯，A先生不過是落入假性外遇中，當他看清楚「未完成情結」對自己的影響，了解到自己需要的不是與初戀重新戀愛，而是給自己一個交代的時候，內心平靜了許多，不再遮遮掩掩，也更有力量在關係中劃清界限，在妻子允許的範圍內幫助初戀女友了。

未完成情結不只發生在初戀之上，有的人會因為童年養的寵物被送人，成年後養一大堆寵物來彌補自己；有的人會因為沒有得到讚美，而一生都在尋求他人的肯定。

著名的日本硬漢影星高倉健，一生努力衝刺，就是為了博得母親的一句誇獎。母親去世後，他在一九九三年獲得第十三屆日本文藝大獎的最佳隨筆《期待著您的誇獎》中說：「我的一生，母親很少誇獎過我……媽媽，我期望得到您的誇獎，就是為了這個，我背著您討厭的刺青，汗血濺身……我一定要找到一位能代替您誇獎我的人。」

未完成情結的力量非常巨大，我們每個人身上可能都有這樣的情結，而每個人也都有完成它的衝動。如果不想讓這樣的衝動毀滅當下的生活，我們需要做的是：直接面對情結背後的傷痛，與它對話，在心理層面上、而不是現實層面上完成它的轉化。

未完成情結只是眾多情結中的一種。「情結」是榮格分析心理學理論中另一個重要概念，是指一些互相聯繫的潛意識內容的集合，是整體人格結構中一個獨立存在的心理單位，就像人格碎片一樣。情結蘊藏著非常多的心理能量，一種活躍的情結會暫時將我們置於一種強迫狀態，置於強迫的思考和行動狀態，甚至出現強迫性重複。

強迫性重複，指的是個體不斷重複一種創傷性事件或境遇，包括不斷重新製造類似的事件，或者反覆把自己置身於「類似的創傷極有可能發生」的處境裡。例如一個被初戀渣男傷害的女生，很可能會在往後的戀愛經歷中，反覆的遇到一樣的男生。

情結的出現與消失都有規律，往往不受我們意識的支配，甚至能夠支配我們的意識自我。情結在無意識中形成與累積，當它逐漸膨脹到一定程度的時候，就有機會發作，而表現為我們人格與自我的「替代主角」。

情結深藏在潛意識之中，有積極情結與消極情結之分。因此，有的情結能夠帶來溫暖與愛意，有的情結卻會讓人情緒失控、失去理智，毀掉本來可能實現的幸福生活。當一個人身上的情結被啟動後，這個人就會有一種失去控制的感覺，一種完全身不由己的感覺。

例如，一個具有某種性情結的人，當他看見、聽見具有性暗示的資訊時，或者在書上讀到與性並沒有直接關係，但引起他性聯想或行動時，他就會感到情緒低落、惶惶不安。

情結是一種人人都有的正常心理現象，它們在內容、數量、強度和根源上有很大差異，有的產生於創傷性事故或經常重複的經驗，有的來源於道德的衝突，而所有情結背後都有更深刻的起源，也就是集體無意識中的原型。

例如約拿情結（Jonah complex）。約拿是《聖經》裡的人物。他本身是虔誠的基督徒，並一直渴望得到神的差遣。神終於給了他一個光榮的任務，去一座本來應被罪行毀滅的尼尼微城勸人悔改，否則城將被滅亡。約拿卻抗拒這個任務，他逃跑了，躲避著他信仰的神。神找到他，喚醒他，懲戒他，甚至讓一條大魚吞了他。最後，他終於知錯，前往尼尼微城宣告神的意思。最終尼尼微城的人，在神面前禁食悔改並獲得赦免。

「約拿」指渴望成長，又因為某些內在阻礙而害怕成長的人。約拿情結，指的是一種懼怕成功、成長的恐懼情結。有約拿情結的人，總是會在潛意識中給自己設置各種障礙，讓自己沒有辦法取得應有的成就。

又例如，大家常聽到的戀父、戀母情結。有嚴重戀父情結的女孩，會一直找大叔談戀愛；而有嚴重戀母情結的男孩，婚後則常常會因為婆媳關係問題，產生夫妻矛盾甚至婚姻危機。

此外，還有很多典型的情結，例如英雄情結、救世主情結、聖母情結、批評情結、處女情結、受害者情結、復仇情結等。

如果不想讓情結毀了當下的生活，我們可以借助一些心理諮詢與治療的方法，幫助自己解開情結，例如接受長期的精神分析、接受認知行為治療等。

面具下的哪個我更受歡迎

隨機翻閱詞典，選擇一百個詞語進行聯想，看看你對哪些詞的反應比較大，在哪些詞語的聯想上有困難等，記錄下這些詞語，一個個梳理其背後的故事，看看自己都有哪些未完成事件，這些事件又是如何影響你當下的生活。

03

完成心裡的告別式，才能與創傷和解

我見過許多讓人非常心疼的案例，其中最令人揪心的是一個四歲的小女孩。

小女孩的爸爸由於多年的憂鬱症沒有得到有效治療，最後選擇了自殺，而他自殺的方式，當著女兒的面從樓上跳了下去。

小女孩的媽媽和外婆帶她來見我。孩子一進門，打量了兩眼接待室後，便一個人徑直走進諮詢房間。我示意媽媽和外婆在外等候，然後關上諮詢房間的門。

「我家裡的小白兔死了。」小來訪者開口就說。

「是嗎？」我微微一愣，因為當天早上，我女兒養的小白兔也死了。

我說：「阿姨家裡的小白兔今天早上也死了，阿姨心裡會有點難過呢。妳的小白兔死了，妳心裡是什麼感覺呢？」

小女孩一邊擺弄沙盤一邊說：「難過呀，因為牠才剛來我們家幾天就死了！」她美麗的小臉龐上看不出任何表情。

我接著說：「跟阿姨家裡的小白兔一樣呢，阿姨都沒有來得及跟牠說再見。妳跟妳的小白兔說再見了嗎？」

小女孩搖搖頭說：「沒有。我的爸爸也死了，跳樓死的，也沒有來得及跟我說再見。我看見他掉下去了，掉到三樓陽臺上了，一片白白的光……。」

我的心隱隱作痛，輕聲說：「阿姨聽到了，阿姨也很難過。妳心裡是不是有很多話還想要對爸爸說？」

小女孩點點頭，拿起旁邊的彩色筆，一邊在手背上畫畫，一邊說：「嗯，我想對他說話，我就在手上畫畫，爸爸能聽見。但是，媽媽和外婆不讓我畫，所以等一下我要擦掉。」

我也把手背伸過去，說：「阿姨讓妳畫，妳還可以在阿姨的手上畫。」

小女孩握住我的手，開始不停的畫不規則的線條。一邊畫，一邊開始跟爸爸對話……。

這是我們的第一次談話，諮詢結束時，我握住小女孩的手說：「我們都不擦掉手上的畫好不好？從今天開始，媽媽和外婆也會允許妳用畫來跟爸爸講話的。」

女孩半信半疑的看著我，我跟她打勾勾、蓋章，約定明天再見。

你也許會很好奇，為什麼我要讓小女孩在我的手背上作畫？

原因是：我透過手背上的畫，看見了這個家庭的陰影。這個陰影，不是指爸爸自殺這個創傷事件本身，而是指不允許表達哀傷。

陰影是榮格理論體系中的原型之一，簡單的說，就是被人們意識否認、排斥的部分，通常也是社會規範和道德準則不允許表達的部分。榮格說：「每個人都有陰影，它在個體的意識中表達得越少，它就越黑暗、越密集。如果一種情緒能被意識到，個體總是有機會去改正它。但是如果它被壓抑，並與意識隔離開來，它就永遠不會被修正，從而傾向於在潛意識的某一時刻，突然爆發出來。」

爸爸的意外離世，是整個家庭同時要面對的創傷事件。表達哀傷和告別，本來是正常的心理需要和必經的心理過程，但媽媽和外婆同時選擇了阻斷和隔離。

事實上，爸爸去世後的很多天裡，全家人都閉口不談這件事，甚至互相都不當面哭泣。媽媽和外婆跟小女孩最初一樣，面無表情，她們試圖以一貫的堅強和理性來保護小女孩，直到發現孩子出現越來越多奇怪的言行，才想到來諮詢。

我跟媽媽、外婆一起討論，為什麼面對悲傷時，她們會一同選擇迴避。媽媽說，家族裡歷來似乎就是這樣，當年她最親近的奶奶去世的時候，大家也都表現得很冷靜堅強；外婆說，因為不知道哪一代傳下來一個規矩：親人上路不許哭。而且，家裡從來不談論晦氣或者不光彩的事情，誰遇到了誰就自己扛著。至於原因，大家也不知道為什麼。

我把家庭陰影的影響解釋給媽媽和外婆聽，幫助她們了解：每個家庭中，傳遞的不只有正面的價值觀和信念，還有集體壓抑所產生的陰影。

發生了不幸事件後，如果家庭成員們不能共同面對和處理情緒的話，這個事件到後來就很可能變成一團謎；同樣，假如大人認為自殺是醜聞而加以掩飾，家庭中又會多一個需要緊守的祕密。當這些創傷、災難和悲劇統統被壓抑到家族的潛意識後，這些不幸的記憶就會不斷在下一代重現。往後每代子孫都可能因為某個單一事件，再次經驗到相同的創傷，也同樣壓抑下來，而不知道真正的原因何在。

要想解開陰影魔咒，就需要情感的光照進理性的裂痕，讓每個家庭成員直接面對真實的感受和事件，讓家庭在危機事件中站在一起，而不是分崩離析。

在後來的諮詢裡，我循序漸進的幫助一家人慢慢接近哀傷、表達哀傷，讓三個人相互接受彼此的脆弱、憤怒、被遺棄感及深深的恐懼，直到她們能夠相擁而泣，不再遮掩和迴避家庭的變故，共同完成心理層面上的告別儀式。

結案的時候，我跟小女孩的媽媽進行了一段溝通——正如我感覺到的那樣，她們家裡從來沒有養過小白兔，而小女孩是真實看見了那隻曾經存在的小白兔，就像我能看見她的「看見」。或許，這隻有象徵意義的小白兔，是家庭陰影的縮影，在所有的不允許之下跳出來，給孩子一個喘息的機會。

結束的時候，小女孩的媽媽充滿善意的說：「如果寫下這個故事，可以幫助更多人的話，我很願意讓您把它寫下來。」

榮格說：「一個人終其一生的努力，就是在整合他自童年時代起就已形成的性格，而生命就像以根莖來延續生命的植物，真正的生命是看不見、深藏於根莖的；露出地面的那部分生命，只能延續一個夏季。」

如果一個人或一個家族的陰影都被壓抑著、從不出現，那麼他們將會活得膚淺而缺少生命力。不幸中的萬幸是，突如其來的天災人禍，讓小女孩的家庭有了轉化的機會，聽到過去沒有機會傾聽的內在聲音，卸下偽裝堅強的盔甲，跟脆弱的自己和家人親密相處，重新擁有真實的生命力。如果沒有機會認識陰影的影響，個人就會無法正向發展，無法成為一個完整的人。

根據受壓抑的自我性質，會形成黑色及白色兩種陰影。

黑色陰影的產生是由於本能受到壓抑，例如壓抑性慾或攻擊性。這種現象在品格高尚、有好名聲的人身上特別容易出現。有時，他們所否認的黑色陰影會對抗當前的價值觀，使他們去反抗社會規範、違犯法律、與人相爭、嫉妒或羨慕他人、想要掌控，以及無節制的放縱性慾。

曾經有一位優等生來諮詢，問我為什麼歷來循規蹈矩的她，卻常常有種衝動，想搞些小破壞，例如趁著老師不注意把粉筆藏起來，或者過馬路的時候闖紅燈。她很怕別人發現這樣的自己，也怕自己將來做出更過火的事情。

顯然，這些都是沒有被接納的黑色陰影所為，要避免更大的破壞，只有跟自己的陰影和解，把被壓抑的攻擊性轉化為良性的行為，例如學習劍道、跆拳道等。

白色陰影，則是德行或靈性傾向沒有得到發展，或受到壓抑所造成。它的起因是童年受到家庭和社會所施加的壓力，被強迫以偏差的態度和行為作為標準。

例如，一位家族企業的繼承人害怕搭飛機、有飛行恐懼症，而他發病的原因是因為家裡以前靠生產和販賣假貨起家，所以他天性中的誠實和守信被壓抑，成為他的白色陰影。每當他想要表現得誠實一點，一個聲音就會跳出來恐嚇他：「你父母打下的江山，就要毀在你手上了！你這個不孝子！」

就像優等生要與自己的黑色陰影和解一樣，這位繼承人也只有學會跟自己的白色陰影和解，接納自己的美德部分，相信這部分並不像自己擔憂的那樣脆弱無能，最終才能面對現實生活裡的飛行。

陰影的存在，除了對自身的人格發展有影響外，還會影響到人際交往。例如一個自以為慷慨大方的人，如果不了解和接納自己身上自私吝嗇的陰影，往往就會認為別人都是自私吝嗇的。因為他在別人身上看到自己的問題，比在自己身上看到要容易接受得多，這種現象叫做「投射」。

投射作用，也可反過來說明我們認識、接納和轉化自己的陰影。

心理學中有兩個著名的投射性測驗，羅夏克墨漬測驗（Rorschach Inkblot Test）和主題統覺測驗（Thematic Apperception Test），都是透過圖片聯想和敘事來進行的。同樣的圖片，有不同陰影的人看到的和講出來的，可能完全不同。

同樣，你也可以透過現實事件和生活畫面來進行自我測試。例如當面臨同樣的情形，你發現自己和周圍人的看法、感受完全不同時，不妨順藤摸瓜，深入尋找背後被壓抑的陰影究竟是什麼。一個能讓你生活得更有覺察力的方式，是學會告訴自己：如果某個人或某件事讓我不舒服，那很有可能是，我在其身上看見了自己沒有意識到的陰影部分。就像那個經典的老故事：蘇東坡與佛印。

有一次蘇東坡正在和佛印一起打坐，蘇東坡問佛印：「你看我打坐的時候像什麼呢？」

佛印說：「我看你像一尊佛。」蘇東坡則說：「我看你像一堆牛糞！」

蘇東坡以為自己贏了，而蘇小妹卻道出了其中的奧祕。她說：「佛印看你像一尊佛，是因為他心中只有佛，所以他看什麼都是佛；而哥哥你呢？」

04

雌雄同體，是一個人的頂級魅力

二〇〇二年，我應邀為「上海熱線」頻道，製作了五十多期心理類影片談話節目《與心理醫生面對面》，曾有一期節目是由同性戀者親自出鏡的對話訪談，嘉賓是一位美籍華人。訪談結束後，在場的工作人員紛紛表示：這位坦率真誠、兼具男性陽剛和女性陰柔的嘉賓很有魅力，讓人很想跟他做朋友。

不只是這位嘉賓，我接待過的大多數同性戀來訪者，在日常生活中人緣都很不錯，和同性、異性都能成為很好的朋友，有的甚至是一堆朋友陪著來諮詢的，好像性取向的不同，不僅沒有影響他們彼此之間的友誼，還讓他們相處起來更輕鬆和真誠。

這一點，或許跟大多數不了解同性戀者所想像的不一樣。事實上，心理學家很早就做了相關的研究和調查，有過類似的發現。

佛洛伊德說，一個正常人的行為，從來就不是完全的男性化或者女性化的；而榮格理論中的「阿尼瑪和阿尼瑪斯」，則用「男性的女性意象」和「女性的男性意象」兩個術語，說明人類先天具有雙性化的生理和心理特點。也就是說，每個人內心都同時住著一個男性人格和一個女性人格，只不過很多時候它們一個睡著，一個醒著。

美國心理學家桑德拉·貝姆（Sandra Bem）編製過一個量表，用來測量性別角色。這個量表將一個人的性別特徵分為四種：男性化、女性化、雙性化和未分化。貝姆透過研究發現：四種性別特徵中，最受人歡迎的是雙性化，而最不受人歡迎的則是未分化。雙性化作為一種最為理想的性別模式，集合了男性和女性的性別優點，在心理健康、自尊、自我評價、適應能力、情緒調控、壓力化解、人際關係等方面，都比其他類型要好。

如果一個生理性別是男性的人，除了具備男性特質中的堅強、剛毅、大氣、有頭腦、強壯、主動等，還具備了女性特質中的溫柔、細膩、體貼、脾氣好，我們就說他具備了雙性化人格，剛柔並濟；反之，女性也一樣。

心理學家曾對兩千餘名兒童做過調查，結果發現：過於男性化的男孩和過於女性化的女孩，在智力、體力和性格的發展上都比較片面，智商、情商也相對較低，綜合學習成績不理想、缺乏想像力和創造力，要麼缺少主見，要麼固執己見，同時難以靈活自如的應對環境。相反的，兼有溫柔、細緻氣質的男孩，以及兼有剛強、勇敢等氣質的女孩，卻大多發展全面。長大後，這些兼有「兩性之長」的男女在競爭激烈的社會裡，也更能占據優勢地位。

我女兒小圓子四歲的時候學習直排輪，遇到一位留著平頭髮型的教練，小圓子好奇的問：「妳是男生還是女生？」教練想也不想就爽快的回答：「都行！」這個「都行」，讓本來就氣場十足的教練人氣更加提升。

誰不喜歡這樣幽默豁達的人呢？而這樣的豁達和應變力，正是來自人格特質中的雙性化。換句話說，就像心理層面上的「雌雄同體」。

不過，不要誤會，雙性化不是中性化，也不等於同性戀者。就像榮格所說，每一個人都應該有阿尼瑪和阿尼瑪斯這兩者的結合，自我才是完善的。人格的成熟，意味著男性發展出女性特質、女性發展出男性特質。例如人到中年之後，女性更果敢，男性更溫和。這種結合了男女兩性優點的人格特質，才被稱為「雙性化人格」。具有雙性化人格的人在文學、戲劇、攝影等領域都有更大的成就，例如達文西（Leonardo da Vinci）、英國文學家莎士比亞（William Shakespeare）、詩人濟慈（John Keats）等。

男性特質與女性特質，各有用武之地，男性特質可以助力你的事業，女性特質會滋潤你的生活。掌握了這一點，你就可以流暢的在職場和家庭中，玩轉雌雄同體的 cosplay（角色扮演）。

雖然靈活運用兩性特質，可以幫我們在工作和生活中如魚得水，但假如某種特質的使用並非本性使然，而是努力偽裝出來的，就要另當別論了。

C女士是一家製造業的部門主管，單親媽媽。常年的工作習慣和男性化的工作環境，讓她的男性特質得到了極大的發展，深受上司和同事們的欣賞。

可是，再多的欣賞也抵不過青春期兒子不屑的一句：「妳就是一個什麼都不懂的男人婆！」聽到兒子這麼說，C女士覺得自己的人生觀瞬間坍塌了，以前的努力好像都失去了意義。她說，一直以為兒子會懂自己的付出，沒想到最後自己在兒子心中，成了這樣一個形象。

C女士的問題，牽涉榮格理論中的另一個概念：人格面具。它指的是一個人為了迎合和適應社會期待與獲得認可，而表現出人格的各個面向。在不同的社交場合，人們會表現出不同的形象，就像戴上不同的面具，面具往往有很多個，而人格就是所有面具的總和。

人格面具對於一個人的社會生存來說是必須的，它使我們能與各式各樣的人交際，幫助我們適應社會，得到認可，但同時也會隱藏真實自我。如果沒有自我覺察，就可能將某個面具當作真實的自己，過度使用後就再也摘不下來了。

我在太原講課的時候，專程去了一趟晉祠聖母殿（按：主要祭祀周朝晉國的開國諸侯叔虞，及其母親邑姜，是太原市主要的旅遊景點之一），那裡有一尊著名的仕女像：她的臉向著聖母的一方在微笑，而背著聖母的一方卻是哭泣和悲傷的。戲曲藝術大師梅蘭芳曾經在那裡駐足三個月，揣摩人像的內心世界。

對於仕女來說，微笑是面具，悲傷才是真實。而對於C女士來說，「男人婆」也只是為了適應工作環境而戴的面具，只是過度使用後，回到家裡也忘了摘下來，所以才會讓兒子如此失望。

每個人的人格裡，都可能有一些常用面具。有的是為了自我保護，有的是為了贏得現實利益，有的則是為了隔離不被自己接納的真實自我。你常用的面具有哪些？哪些是在做自我隔離？

戴著面具的假我，很難與人建立真正親密的關係，也很難煥發持久的生命力。想避免過度使用面具，你可以經常給自己「去角色化」，就像演員必須從自己飾演的角色裡走出來，才能做回自己一樣。

而想要做回自己、擺脫人格面具的負面影響，你就要有勇氣相信：你的真實自我雖然不完美，卻是完整的、獨一無二的，就像「苔花（按：苔蘚）如米小，也學牡丹開」——你也一樣可以活出自己的霸氣。

這樣的真實自我，具有意識與無意識相互補償所形成的心靈完整性。

05

中年危機，就是發展自我的機遇

步入中年，上有老，下有小。老人隨時可能會出現健康問題，需要照顧；小孩學業問題、叛逆問題，也需要各種操心。

我是一家的支柱，裡裡外外都需要我，但是工作上我很難再有進展了，已經爬到一個位子，上升無望，下面有一大波肯拚命、相對薪水低的年輕人在虎視眈眈的盯著我。學習新東西的精力與接受能力都不行，更不可能轉行。就這樣混著，看不到多大希望。家庭、生活、工作帶來的壓力每天都在逼迫著我，想要改變又會有各種擔心，甚至不知道該如何改變。陷入迷茫，這日子該怎麼過下去？

聽起來，這是典型的中年危機。

真實的自我，就是自己本來的樣子、自己的中心、精神和心靈的胚胎種子。

後來的自己，就像根莖、枝葉、果實，全都從它生長而來。真實的自我，在榮格的理論裡叫「The Self」，被翻譯成「自性」。一個人成為真實自我的過程，就是「自性化」。

榮格的自性理論，是他在長期探索和研究集體潛意識的過程中所提出來，為榮格思想概念中的核心，強調意識與潛意識相互補償，所形成的心靈完整性。

如果說人格整合較偏向技術層面的操作，自性化則是由內而外自然生長而成的整合人格。

用生長的整合方式來看這位中年朋友的問題，先要區分意識層面的自我和潛意識層面的自我分別是什麼，又分別在執行著怎樣的標準。

意識層面的他，是一個充滿責任感和壓力、想改變又不知如何改變的無奈中年人，面對的是現實的焦慮；而潛意識層面的他，事實上卻是在恐懼和對抗改變。因為所有的改變，都在提醒著他的日漸衰老和生命的虛無感，面對的是存在和死亡的焦慮。

死亡焦慮是人類的普遍話題，越是沒活出真正自我的人，就會越恐懼死亡，越想要尋找新的人生意義。為了逃離內心的無意義感和恐懼感，他們可能會突然摒棄以往的價值判斷標準和生活方式，富有的人開始斷捨離，不富有的人開始大肆購買貴重物品；他們可能從未打算離婚，但就是喜歡跟年輕的女孩在一起；他們努力健身使自己身心強壯，但半夜仍然還會夢到正在參加大考，或者被某種東西追趕，嚇得一身冷汗醒來……。

因為這些行為都只是在真實自我的周邊打轉，沒有深入被稱作自性的核心區域，所以並不是自性化。

自性化表達的是這樣一個過程：一個人最終成為他自己，成為一種整合性的、不可分割的，但又不同於他人的發展過程。

通俗來講，自性化過程，就是找回自己、成為自己的過程。用榮格的話來說就是：「自性化的目標主要表現在兩個方面，其一，為自性剝去人格面具的虛偽外表；另一方面，消除原始意象的暗示性影響。」

意識層面的自我，隨著年齡的增長，在中年以後才會透過人生體驗的加深，和自性建立牢固而持久的關係。因為，當人們在達到了社會、婚姻和家庭生活這些最初的目標之後，就會進一步尋求存在的意義。許多人由於找不到人生存在的意義，而造成精神空虛、頹廢，甚至陷入憂鬱之中而無法自拔。

就像這位朋友，人到中年，正是時候向內生長，而不是向外改變了。具體來說，建議這位朋友從下面幾個練習著手，來改善自己的狀態。

- 記錄每天的夢境，持續一個月，看看有沒有經常出現的意象或者主題，了解它們的象徵性意義。例如被追趕、逝去的親友等。然後，圍繞這個夢寫一個新的故事，並把夢加工再造，直到自己喜歡和滿意為止。
- 整理自己的陰影。危機、搖動生命的根本，卻也是最大的轉化機會，過去沒有機會傾聽的內在聲音，這時候都會紛紛冒出來。所以，記錄心裡的各種獨白和對白，尤其是那些「你不許」、「你不能」、「你不該」，看一看它們背後藏著你怎樣的陰影。
- 與自己的阿尼瑪和阿尼瑪斯對話。找找自己身上的阿尼瑪和阿尼瑪斯，請阿尼瑪協助你處理家事，阿尼瑪斯則成為你工作的助理；同時，試一試拿掉一個自己最常用的人格面具，哪怕只有一次，看看會發生什麼事情。

- **用榮格最喜歡的方法，就是畫出自己的曼陀羅**。曼陀羅，又稱為壇城。它是修行的道場，意味著心靈層面最高的和諧與圓滿。榮格當年正是透過曼陀羅繪畫的創造過程，克服了自己的心理危機。這是一種能深入自我的核心，走向自性化的好方法。

曼陀羅的基本原理是：

- 借助外在平衡來恢復內心世界：如同很多人心情不好的時候，就喜歡收拾房間，把屋子收拾得乾乾淨淨後，心情也就好了。
- 象徵化：透過第一條原理，在心理平衡有序的基礎上，以藝術的方式表達內心的衝突，從而起到將無意識意識化，整合心靈矛盾衝突的作用。

創作曼陀羅具有整合意識與無意識的衝突、預防與修復內心分裂、領悟生命意義，以及明確人生方向的功能。創作曼陀羅的過程能夠消解意識的矛盾，並與個人心靈深處的生命力量相對應，利用這種強大的力量，穩定的控制住自己的情緒，捨棄雜念、靜心冥想，達到沉澱心靈的作用，進而釐清自己的思想意識，活化腦力，提升自己的思維和控制能力，加強解決問題能力，最後轉消極為積極，實現自我療癒。

該怎麼畫曼陀羅呢？

首先準備好一張紙、一盒彩色筆、一支鉛筆、一個能夠幫助你畫圓的工具，例如圓規、碗、杯子等，還要準備一把尺和一個量角器。

接著讓自己平靜的坐下來，注意力集中在呼吸上，在呼吸中讓自己沉靜。

用鉛筆在白紙上畫一個大圓圈，標出圓心。用量角器將大圓圈八等分，每份都是四十五度角，用線條把它們標注出來。再在大圓圈的中心畫一個小一些的形狀，菱形、四方形、圓圈或星形都可以，只要跟隨你自己心裡的感覺就好。

下一步，在第一個形狀外、大圓圈內畫上另一個同樣的形狀。以此類推，在圓圈內不斷重複畫同樣的形狀，包圍中心的圖案。在大圓圈外畫新的圖案，不斷擴大曼陀羅。你可以在大圓圈內外畫任何你喜歡的圖案，圖案可以交叉重疊，沒有好壞對錯，它只是用來幫助你整理自己的。畫完後，將它塗上你喜歡的各種顏色。

就像整理房間有助於整理煩亂的心情一樣，其實手繪曼陀羅，不需要太多的分析，繪畫過程本身就是最大的意義。每天或者每週畫一幅，持續下去，屬於你的獨一無二的答案就會漸漸浮現出來，而你正在做的，便是不斷接近真實的自己。

完成曼陀羅繪畫後，你可以嘗試從不同的角度來欣賞自己的作品，體會它給你帶來的心情及聯想。然後，可以選擇在作品旁邊，或者在專門的本子上，用心記下你對它的體驗、想法和感悟。最後，根據圖形或領悟，給自己的作品取一個恰當的名字。

電影《冰雪奇緣》（*Frozen*）中，冰雪女王艾莎，因為小時候無意中用自己的魔法傷到了妹妹，對魔法產生了深深的恐懼，覺得自己是個壞女孩，一心想要控制自己。但她越害怕，越無法控制，直到最後她不再壓抑真實的自己，勇敢的唱出「Let it go」，魔法的破壞性也最終被愛轉化。這個過程，就像繪畫曼陀羅的過程一樣，幫助艾莎找回了真實自我，一步步完成自性化。

第五章——建構我，找到自己的身心練習

01

擁有一億是什麼感覺？自我實現的需求

整個心理學的發展歷史中，各派心理學家們根據各自的理論假設和人性假設，對自我進行了各不相同的定義和建構。這些假設都只是提供某種角度和方法讓我們認識自己，而不是提供唯一和絕對的答案。

認識自我，除了有深度，還要有廣度。認識自我，既包括認識人之為人的獨特，也包括認識人與萬物的相互關聯。自我認知的疆域越廣闊，自我設限帶來的困擾也就越少。

一九五〇、六〇年代，美國誕生了人本主義心理學流派（Humanistic Psychology），由美國心理學家馬斯洛（Abraham Maslow）創立，以心理學家羅傑斯（Carl Rogers）為代表，被稱為除了行為學派和精神分析學派以外，心理學上的「第三勢力」。人本主義和其他學派最大的不同，是特別強調人的正面本質和價值，而不是集中研究人的問題行為，並強調人的成長和發展，稱為自我實現。

人本主義心理學強調人的尊嚴、價值、創造力和自我實現，把人們本性中自我實現歸結為潛能的發揮。

馬斯洛的需求層次理論認為：人類的需求是以層次的形式出現的，由低級的需求開始，逐級向上發展到高級層次的需求。

需求由低到高，分別是：

- **生理需求**：級別最低、最急迫的需求，例如食物、水、空氣、睡眠。
- **安全需求**：較低層次的需求，包括對人身安全，生活穩定，免遭痛苦、威脅或疾病、身體健康，以及有自己的財產等，與自身安全感有關的需求。
- **社交需求（愛與歸屬需求）**：較高層次的需求，例如對友誼、愛情和隸屬關係的需求。
- **尊嚴需求**：較高層次的需求，例如成就、名聲、地位、晉升機會等。
- **自我實現的需求**：最高層次的需求，包括獲得真、善、美至高人生境界的需求，例如自我實現、發揮潛能等。

通俗的說，自我實現是指一個人在適宜的社會環境中，得以充分發揮各種才能和潛能，實現個人理想和抱負，也就是達到身心潛能充分發揮境界的過程。自我實現比較偏向一種發展過程，而不是一種存在狀態。

如果一個人較低層次的需要得到滿足，就會衍生出下一個層次的需要；但如果內心追求自我實現的願望足夠強烈，那麼即使另外四個需求沒有全部滿足，也一樣會達到，只是可能與外界出現衝突和不平衡。

有一位資產上億的企業家，在別人眼裡功成名就，但他卻越來越感到空虛、苦悶和虛無。我問他做什麼事情的時候，才不會有這些感覺，他說：「寫詩的時候。我本來只想做個詩人，但父母、妻子、兒女都需要我成功和富有，我很無奈。為了他們，我只有不斷拚命努力，但真的一點都不快樂，還常常會擔心萬一哪天失敗了、破產了怎麼辦。」

聽起來他似乎真的很無奈，但仔細分析後便會發現：一個人之所以在無奈的道路上越走越遠，一定是自己的某些需要得到了滿足，而不是表面上看起來的只是為了滿足他人需要。

對這位企業家來說，開公司雖然不是自己的真愛，但二十年前之所以棄筆從商，是因為從商比做詩人更能滿足自己生理、安全、社交及尊嚴四個層次的需求。當這四個層次的需求得到了滿足後，自我實現的需求才會真正浮現出來。

也許你會說，他已經是一位成功的企業家了，難道還沒有自我實現嗎？實際上，這是很多人都有的誤解，誤以為取得成就就是自我實現。

心理學家的研究發現，地位的高低、收入的多寡、取得了多少榮譽等，和自我實現並沒有直接的關係。自我實現更像是追求心靈完善和人格完整性，而不是追求外在物質條件。只有當一個人做一件事情感到欣喜若狂、如醉如痴時，才有可能是真正的自我實現，達到全然忘我的「高峰體驗」狀態。

自我實現是一個人存在的最高、最完美、最和諧的狀態。雖然這位企業家還清楚記得當年寫詩時所感受到的狀態，但他的自我身分認知停留在成就、名聲、地位等尊嚴需求的滿足之上，不能理解為什麼擁有了這些，自己卻依然不快樂。

我問他是什麼原因，讓他覺得不能一邊經營企業一邊寫詩，他說壓力太大，沒有了想像力。我又問：「除了壓力外，有沒有恐懼呢？」

他沉思了很久，點頭說：「我想起來了，我其實一直很怕自己的詩人情結一旦打開，理性就會被感性淹沒，再也沒有鬥志把企業經營下去了。企業一旦出問題，我豈不是又要從頭解決一家老小的生存問題？」

我緊接著他的話問：「真的有這麼大的影響嗎？」

他想了想，笑了，說：「有點誇張了，生存應該不是問題，財務方面我都有安排。這麼一想，好像偶爾感性一下，也沒那麼可怕。」

所以，當自我實現的需要浮現出來時，真正阻礙它的不是外界的需要，而是自我設限。

一個女孩說：「快畢業了，想留在上海工作，進入遊戲產業。但是爸媽不同意，他們覺得我一個女孩子，回老家過安穩的日子就行了，不過我的家鄉只是個小城市，沒有什麼大公司。我一說自己想追求職業理想，媽媽就在電話裡哭鬧，時間一長，我自己也動搖了，想回去，以便滿足爸媽的願望。可是，面對已經到手的工作機會，是該咬牙繼續留在上海，還是聽爸媽的話回去？」

從女孩的敘述裡，可以看出自我理想與父母願望的雙重關係。父母對她的關心停留在最低層次的生存需要上，同時他們希望女兒滿足他們的愛與歸屬需要；女孩和他們的對話則直接跨越到自我實現部分，越是想說服父母，越是會引發他們的焦慮。

聰明的做法是：抽時間回家，與父母面對面溝通。先回應父母關於生存和愛與歸屬的需要，透過現實資料，例如薪資收入、學長姐的成功經歷、自己三到五年的藍圖願景等，緩解父母的現實焦慮。再透過情感回應，告知父母自己將如何與他們保持密切聯繫，包括接他們到上海參觀公司、與同事朋友交流等，緩解父母的情感焦慮。與此同時，想辦法讓父母感受到職業理想對自己無可替代的重要意義，溫和而堅定的持續溝通和對話，就有機會向自我實現的目標不斷邁進。

能夠自我實現的人是幸福的，他們通常會具有下面的心理特徵。

- 全面而準確的了解現實。
- 接納自然、自己與他人。
- 對人坦率和真實。
- 以問題為中心，而不是以自我為中心。
- 具有超然於世和獨處的需要。
- 具有自主性，在環境和文化中能保持相對的獨立性。
- 具有永不衰退的欣賞力。
- 具有難以形容的高峰體驗。
- 對人充滿愛心。
- 具有深厚的友情。

- 具備民主的精神。
- 區分手段與目的。
- 具有創造性。
- 處事幽默、風趣。
- 反對盲目遵從。

大學時代，我聽過作家路遙去世前不久的一場珍貴講座。路遙講到自己把自己關在山上寫《人生》，有靈感的時候幾天幾夜奮筆疾書，沒有靈感的時候就在山間奔走。寫完最後一個字後，他奮力將筆從窗戶扔了出去。下山回家時，居然連馬路都不敢過，需要妻子扶著自己。

寫作是路遙自我實現的方法，雖然這讓他的現實適應能力退化，但比起非自我實現的人的恐懼、自怨自艾、謹小慎微等，他又是無比幸福的。不過，達成自我實現並不是十全十美的完人，在他們身上也依然存在不少缺點。

要想成為自我實現的人，不但要深刻的了解自己，同時還要避免對自我實現的一些誤解，我們要記住以下兩個方面。

・高度自我實現的人不一定比其他人更快樂。

在追求更高價值和意義的過程中，同樣會遇到新的困難和痛苦，這是一個螺旋式上升的人格完善過程，而不是一條直線、一帆風順的。

・高度自我實現的人不一定是功成名就的人。

人與人之間千差萬別，自我實現在每個人身上都有不同的表現形式，成為一個盡職的母親、運動員、大廚等，都可能是自我實現的願望。

如果你也希望自我實現，可以試一試下面的做法：

・嘗試全神貫注、忘懷一切的做一件事。

・勇敢選擇成長，而不是畏懼退縮。

- 傾聽自己內心最強烈的那個聲音。
- 誠實擔責，而不是偽裝隱瞞。

不斷的完善和整合人格，學習讓自我實現成為一生的過程，而非一蹴而就的結果。

面具下的哪個我更受歡迎

自我實現簡短指標量表（Short Index of Self-Actualization，簡稱SISA），可以幫助你檢視自己離自我實現的狀態還有多遠的路。

自我實現簡短指標量表

共十五道題目，每個題目有六個選項，一到六分別代表了從非常不同意到非常同意，得分最低為十五分，最高為九十分，其中第六、八、十一、十二、十四題為反向計分。在這個量表中，取得的分數越高，表明越有可能達到自我實現。具體來說，一代表極其不同意，計一分；二代表比較不同意，計兩分……六代表非常同意，計六分。

1. 我不為自己的情緒特徵感到丟臉。
2. 我覺得我必須做別人期望我做的事情。
3. 我相信他人的本質是善良的、可依賴的。
4. 我覺得我可以對我所愛的人發脾氣。
5. 別人應讚賞我做的事情。
6. 我不能接受自己的弱點。
7. 我能夠讚許、喜歡他人。
8. 我害怕失敗。
9. 我有能力分析那些複雜問題並簡化它們。

10. 做一個自己想做的人比隨波逐流好。
11. 在生活中我沒有要為之獻身的明確目標。
12. 我恣意表達我的情緒，不管後果怎樣。
13. 我沒有責任幫助別人。
14. 我總是害怕自己不夠完美。
15. 別人愛我是因為我對別人付出了愛。

02

捕夢網的神奇力量，靈性自我

什麼是靈性自我？

我曾去過加拿大安大略省的彼得堡市，參觀了一個美洲原住民中心，那裡掛滿了大大小小的捕夢網。

傳說在十八世紀的美洲原住民部落裡，一位少女做了個夢，夢中一隻蜘蛛教她如何織網，並告訴她網可以捕捉美夢，困住噩夢。那些被捕捉的美夢將會穿過網的中心，像流水一般順著羽毛流進夢境中。而那些被困住的噩夢，會伴隨著次日的陽光灰飛煙滅，消失得無影無蹤。少女醒來後，依據夢境製作出第一個捕夢網，並把這件事告訴部落的其他人。

捕夢網現在已經流傳到世界各地，本身並不是稀奇之物，但有沒有人真正相信它的神奇力量呢？我採訪了一對印第安老夫妻。丈夫說：「當然！昨天它還給了我力量！」妻子補充說：「他夢見了去世的親人，而捕夢網讓他平靜。」

他們的敘述，讓我想起中國的一種植物「結香」。可能很多中國人都不知道，枝條柔軟可以打結的結香，還稱為「夢樹、夢花」。傳說這種樹可以解夢，晚上做了夢，大清早起來，在沒人看見的時候去把它的樹枝打個結，如果是好夢就可以實現，是噩夢就可以化解。

是什麼讓相距如此之遠的兩個民族，對夢有著如此相近的習俗？這與人類共通的靈性自我有關。

一位七十三歲的印第安畫家，給我留下了深刻的印象。在他自己的作品中，他最喜歡的一幅：凌晨的黑暗中透出光明，一大一小兩個行人走在天際，一隻烏龜守候在路的盡頭，天上，有一顆明亮的北極星。

他說，這就是他的人生。六到十六歲，他被強制送入寄宿學校，接受殖民政府對原住民的同化。十六歲的時候，他忘記了父母的姓名、忘記了自己的來處，不知道自己是誰，生活得非常痛苦，開始酗酒。直到有一天，夢到作為自己守護神的烏龜，醒來後他找回了自我，從一個精神上的瞎子變成了看得見的人，無師自通的開始繪畫，在每一幅畫中療癒自己。

這位畫家的成長經歷，讓他的自我發展嚴重受阻，無法建立良好的自我認同和完善的人格，使他陷入酒精依賴。而最終帶他走出黑暗的，是始終醒著並且從未放棄成長渴望的自我核心部分，榮格把它叫做自性，而超個人心理學流派（Transpersonal Psychology）的心理學家們，則把它稱作靈性自我。

超個人心理學是心理學的一個分支，一九六〇年代末由人本主義心理學家馬斯洛等人提出。目的在於探求人類心靈與潛能的終極本源，主要關注人生價值、人類幸福、自我超越的途徑、自我超越中的心理健康和意識狀態等問題。試圖融合東西方科學、文化，建構比人本主義心理學更開放的學說。

超個人心理學的基本假設是，人首先是一種靈性的存在。當然人也有其他層面，例如身體、心理。簡單來說，「身」就是指身體，是生理意義上的生命；「心」指心理，是心理意義上的生命；「靈」則是指靈性，是生命最本質、最核心的部分，將一個人的生命層層剝去，還留下的就是靈性，是天然「真、善、美」的傾向。

超個人心理學強調身體、心理和靈性融為一體的全人觀，強調三者之間的統合，也就是三者之間的互動關係對生命發展的影響。

超個人心理學的主要假設有以下幾點：人的本性是靈性的，意識是多維的，人的內在生命是智慧之源，生活是有意義的，精神之路是多樣的。超個人心理學著重探討人的靈性，以及認知靈性對人生的重要，包括個人成長、高峰體驗、神祕經歷，以及超脫傳統自我界線的發展可能。

靈性，在中文語境中有很多意思，可以指「精神、精氣」，可以是「人所具有的聰明才智，對事物的感受和理解的能力」。

在心理學中，靈性指的是超個人心理學流派中提到的「靈性需求」。超個人心理學認為，人具有四種層次：生理層次、情緒層次、理性層次、靈性層次（超理性或超越性），並認為這樣的模式，才能忠實反映出人類的普遍經驗，而且符合人性。而靈性自我，就是存在於靈性層次的自我。

曾經有一對夫妻來諮詢，兩人都是大學老師，正經歷婚姻危機。諮詢過程中，我了解到丈夫是虔誠的基督徒，理性層面上認為婚姻是神聖的，不可主動提出離婚；但在生理和情緒層面上，兩年的無性婚姻讓他有苦難言；而靈性層面上，妻子沒有信仰追求，也讓他覺得缺少共同語言，看不到希望。

我問妻子的想法，妻子說自己確實對性很排斥，覺得只要有感情就好了；對丈夫的信仰，不反對就是支持，不理解為什麼丈夫會那麼痛苦。

我請他們分別寫下自己在生理、情緒、理性和靈性層次的個人需要，然後一一對照，看看真正的問題在哪裡。生理層面上，妻子意識到性冷淡是自己要面對和解決的問題；理性和情緒層面上，她開始理解丈夫和自己的差異；而靈性層面上，她說自己以前完全空白，沒有意識到人還需要有這方面的成長，也不知道原來丈夫的靈性需求那麼高，所以無法與丈夫在這方面有任何互動和對話，還覺得是他太誇張了。

對夫妻倆來說，理解對方是合作關係的開始，直接面對問題是改善關係的開始。而發展靈性自我，爭取在更高的層面上與對方產生連接和互動，才能讓婚姻關係承受住現實的各種考驗，更加持久和牢固，更具有生長性和生命力，成為彼此身心靈的三重伴侶。

發展靈性自我，不是說妻子一定要追隨丈夫的信仰，但一起參加教友們的家庭聚會、義工活動等，會讓兩個人在靈性層面上有更多共同的經歷，這些共同經歷比生理、情緒和理性層面的連接更加無可替代、歷久彌堅。

希望你的靈性自我也能夠慢慢甦醒和成長，像那位印第安老畫家一樣，看見希望的光。

03

活出量子自我，接受生命中的不確定性

還記得那個看著爸爸跳樓自殺的四歲小女孩嗎？她走進諮詢室後，跟我說的第一句話是：「我家裡的小白兔死了。」然而，事實是她的家裡從來沒有養過兔子，而我家的小白兔，在她來見我的那天清晨死了。

那一刻，我充滿敬畏，相信小女孩不同尋常的看見了一些東西，並且將心打開，迎接經驗之外的更多資訊進來。接下來的諮詢有如神助，而假如我固守已知的經驗，只用頭腦去分析，而不是用心去感受孩子的資訊的話，或許我們的諮詢就要花很長一段時間，而且可能得不到答案。

站在傳統心理學的角度來看，孩子說「小白兔死了」只不過是個偶然，不值得大驚小怪。佛洛伊德會說，這是防禦機制——透過小白兔隔離了爸爸自殺給自己帶來的痛苦；榮格會說，這是共時性——是孩子的內心世界與外部世界之間、無形與有形之間、精神世界與物質世界，同時發生了沒有因果關聯的一致性。

而從量子心理學角度來看，這是心與心之間「量子糾纏」的結果，意思是：宇宙中的個體表面上各自獨立，實際上卻彼此交纏；個體一旦交纏，時空聯繫就會保留下來，而我們的心靈也以類似的方式纏繞在一起。所以，諸如預感、千里眼、心電感應等並不是所謂的神祕現象，它們只是進化的自然結果。

這個觀點，講的是量子與意識之間存在聯繫，簡單來說就是「意識決定物質」，這對傳統物理學和心理學都是極大的顛覆，同時挑戰了兩個領域的權威觀念。雖然主流的心理學界，還沒有做好準備歡迎這個新鮮的觀點，但作為假設之一，我們可以試著用它來解構和重構自我和生命的定義，明白生命更多的可能性。

在量子心理學誕生之前，榮格就已經得出結論：「在微觀物理學和深層心理學之間，有一個共同的背景。」這樣的觀點，擴大了我們與世界的關係，讓我們有機會跳脫自我意識的局限，找到更廣大的意義。

要了解什麼是量子心理學和量子自我，先要了解什麼是量子。量子是現代物理的重要概念，它是能表現出某物質或物理量特性的最小單位。

而量子心理學是由史丹佛大學（Stanford University）應用物理系教授艾迪・奧辛斯（Eddie Oshins）於一九七〇年代中期創立的，強調心理現象與量子現象相似，是以一種模糊的機率狀態存在，它何時表現出來、如何活動，取決於我們什麼時候啟動它。

心物、心身、意識與無意識、心理、行為的外顯性和內隱性等問題，在以牛頓的經典力學為模式的傳統心理學中處於對立狀態。量子心理學中，則將自然界和心靈視為統一與互補的兩個方面，彼此相互作用，超越時空限制，透過神祕的和諧可以使身心、身物達到統一。

量子心理學打破了，傳統科學主義心理學的純粹客觀性和價值中立的神話，使心理學由追求心理和行為的簡單描述，到研究它們的複雜性和模糊性，改變了心理學中以經典力學為典範的科學認識模式，以及心理學的科學形態，推動心理學的科學認識模式進入現代階段。

著名的「薛丁格的貓」實驗，可以幫助我們理解量子現象。這是曾獲一九三三年諾貝爾物理學獎、量子力學創始人之一薛丁格（Erwin Schrödinger），提出的一個思想試驗。

把一隻貓放進一個封閉的盒子裡，然後把這個盒子接到一個裝置上，這個裝置包含一個原子核和一個毒氣設施。原子核有五〇%的可能性發生衰變，衰變的時候就會發射出一個粒子，並觸發毒氣設施，毒氣一被觸發就會殺死這隻貓。

那麼，貓就有死、活兩種可能，且是死是活的機率都在我們心裡。從這個意義上講，貓處於既死又活兩種狀態。當我們打開盒子，兩種可能就不再重疊而歸於一種狀態：貓要麼是死的，要麼是活的。打開盒子，就是啟動。如果不啟動，在沒有人看見、沒有人能證實的情況下，箱子裡的貓死活的可能性都有，所以說貓是半死不活，既死又活。換句話來說，意識決定了物質，萬物由心而造。這個觀點只提供視角、不提供對錯，重要的是，它可以讓你跳脫出固化的思維模式，換個角度看世界、看自己。

這個實驗雖然有點難懂，但延伸到生活中，你會發現很多有趣的現象。例如，人的思想也時常處在疊加態，既想做又不想做，既想走又不想走，既想買又不想買，既想要又不想要……這時，突然發生的某個事件，就促使我們決定怎麼做。

一對夫妻結婚十年，丈夫一直對妻子百依百順，好像一輩子都離不開她似的。被寵壞的任性妻子發起脾氣經常有恃無恐，有一天甚至脫口而出：「離婚！」妻子原以為丈夫會一如既往的哄自己開心，沒想到丈夫也說出：「好！有什麼條件妳儘管提！」

妻子簡直不相信自己的耳朵，丈夫這才告訴她，自己有離婚的想法已經很長一段時間了，只是一直下不了決心。妻子開始哭泣示弱，說自己並不是真的要離婚，只是想證明自己在他心中永遠重要而已。可是丈夫說，一直覺得自己活得很窩囊，本來為了孩子還準備再忍十年，但現在這個缺口打開了，自己的心再也收不回來了。

這對夫妻的婚姻，就像薛丁格的貓，之前一直處在既死又生、既準備結束又仍在繼續的狀態裡，兩種狀態各有五〇%的可能性。而過於以自我為中心的妻子，主觀認為婚姻關係一〇〇%都由自己掌控，所以貿然打開了盒子，啟動了結果，把不確定變成了確定，才發現那不是自己想要的結果。

現實生活中充滿了各種不確定性，但我們常常忘記，所以陷入低潮時常以為再也走不出來了，一帆風順時又以為自己無所不能。我們多數人從小就受線性思維訓練，習慣了非此即彼、非黑即白的思考方式，在面對學習、工作和人生問題時，就會缺乏選擇餘地，陷入自設困窘之中。

例如，一些優等生或者優秀員工常常陷入的困境是：一件事情沒有做好，就全盤否定自己，長時間感到懊惱和羞愧，比不那麼優秀的人更抬不起頭來，活得非常累。事實上，假如他們知道，每個人其實都像薛丁格的貓，既優秀又不優秀，既完美又不完美的話，就可以允許自己活出更多的可能性。例如，**在活得優秀與不優秀之間，其實還存在著活得有趣、活得自在等不同的選擇**，這樣想的時候，活著就會感覺輕鬆許多。

能夠這樣想的人，其實已經活出了「量子自我」。

曾在麻省理工學院（Massachusetts Institute of Technology）主修物理學和哲學，後來在哈佛大學（Harvard University）取得哲學、宗教暨心理學博士學位的學者丹娜・左哈爾（Danah Zohar），在一九九〇年出版的《量子與生活：重新認識自我、他人與世界的關係》（*The Quantum Self*）一書中提出：「現代物理學的觀點，可以闡明我們對日常生活的理解——對自己、對他人，乃至對整個世界的關係。」這本書出版以後，世界各大公司相繼邀請她前去授課，使她又成為著名的企業管理專家。

而無論是企業管理還是自我管理，對量子自我的深刻覺察、認識和評價，都有助於我們做出理性的選擇，活得更加透澈。

例如，我們原來認為世界是物質性的，而意識和物質是相對立的。現在我們發現，意識其實也是一種物質，而我們認知的物質，僅僅是這個宇宙的五％，宇宙中有九五％是看不見、摸不著的暗物質。這些暗物質，讓沒有任何聯繫的兩個量子，就像小女孩口中的小白兔和我家裡的小白兔，可以神奇的發生糾纏。

對暗物質的描述，我最喜歡的是科學部落格「科學松鼠會」的一段話：

如果每個人都是一顆小星球，逝去的親友就是身邊的暗物質。我願能再見你，我知道我再也見不到你，但你的引力仍在。我感激我們曾彼此重疊，而你永遠改變了我的前進軌道。縱使不能再相見，你仍是我所在的星系未曾分崩離析的原因，是我宇宙之網的永恆組成。

這段話，可以用來做哀傷輔導，也可以用來幫助人們擺脫日常的困境。很多諮詢中，我都會請來訪者找一找現實世界及想像世界中，能夠帶給自己生命力和心靈支持的物品或人物，哪怕這些物品沒有生命，這些人物已經過世，但因為暗物質的存在及量子糾纏，它們真的幫助了來訪者，在量子自我的層面上重新站立起來。

面具下的哪個我更受歡迎

你的生命中，有沒有哪些物品或者人物，可以帶給你同樣的力量和滋養呢？

04

過度使用左腦的人不會幸福

二十年前，我曾贈送一盆綠色的文竹，給一位患輕度憂鬱症的女孩，請她每天記錄文竹的變化並定期與我分享。因為小小的文竹讓她對大自然的造化與生命力，深懷敬畏與感恩。一年後，她不僅康復了，而且自己也成了「送文竹的人」。她說，有幾天文竹看起來已經不行了，她一心想要放棄，沒想到在陽臺上放了一個星期後，文竹居然自己長出了小小的新葉。

那時候，年輕的我並不是刻意的制定文竹計畫，而是在諮詢過程中，我觀察到來訪者有幾次無意之間，對著茶几上的一盆文竹吸氣，所以靈機一動而臨時採取的諮詢策略。送她一個種在小小花盆裡的文竹，而我心裡其實在想，這就是我的小型「森田花園」了，願它能像日本「森田療法」創始人森田正馬的病房一樣，幫助更多人。

森田正馬在一九二〇年創立了森田療法，讓患者從臥床禁語到接觸自然、手工勞作，慢慢體會到「順其自然、為所當為」，於是，連頑固的強迫症也不再成為問題。

我很喜歡森田療法的理念和方法，因為我相信原始的自然和純樸的勞作，可以喚醒生命的自發性、療癒各種文明的心理病。當時的「文竹療癒」，現在看來很像園藝療法。而這些年來，我們結合自然教育與心理養育、心理輔導，開始了一系列預防勝於治療的探索和實踐。每一次，都會收穫滿滿的感動和信心。

例如，前文提到那位有懼高症的父親，卻能在兒子面前成功完成二十多公尺的垂降，而促使他突破自我設限的，除了父子之愛，還有大自然本身喚起的內在生命力。

有位強迫症媽媽，平日裡連按電梯都害怕髒，做了一年諮詢後，跟十多歲的兒子一起參加洞穴探險，開始接受自己和兒子全身、滿手都沾滿泥巴。當媽媽在野外脫掉鞋，赤足踩在山路上的時候，兒子激動得手舞足蹈、歡呼著撲進她的懷裡——從出生到現在，他是多麼渴望自己的媽媽能像別的媽媽一樣，不要那麼緊張，不要再讓自己從早到晚不停的清洗。

洞穴探險活動結束的時候，我在洞口拍下了那位媽媽沾滿泥漿的雙腳，說：這是從業二十年來，最幸福的一次授課，因為我只是自然的助教，自然才是真正的導師。

在我來看，森田正馬或許是最早將廣義的「自然教育」與「心理治療」完美結合的人。

什麼是自然教育？自然教育，是讓體驗者在生態自然體系下，在勞動中接受教育；是解決如何按照天性培養體驗者，如何培養體驗者釋放潛在能量，如何在培養自立、自強、自信、自理等綜合素養的同時，樹立健康的人生觀、價值觀，均衡發展的完整方案；是解決教育過程中的所有個性化問題，培養優質生存能力、生活強者的教育模式。

自然教育注重讓學習者在學習中發現自我、認識自我，同時認識個人、身體、心智、社交、自我與外界的關係，從而獲得自我認同、獨立自信和提升個人能力。這也是自然教育能在資訊、科技、產業都迅速變動與革新的二十一世紀，風靡全球的原因。了解自己、選擇未來，將是未來人才最需要的核心能力。

那麼，作為心理諮詢師，我為什麼要將自然教育運用到心理諮詢中？原因是：二十多年的諮詢工作經歷，讓我深深的意識到，**自然可以為人們提供源源不斷的心靈成長養分，提升人們自癒的能力**。

現在，有越來越多的學者，開始關注自然與人們身心健康之間的關聯。

以親子養育為例，康奈爾大學（Cornell University）環境心理學家的報告指出：生活越貼近自然的孩子，在面臨生活中的壓力時，越不會產生心理負擔。孩子的家庭越接近自然環境，孩子就越不會出現過動、焦慮或憂鬱等行為。

挪威及瑞典的學者，也針對學齡前兒童做了相關研究：兩組學齡前兒童，一組每天在普通的遊樂場玩耍，另一組在有樹木、岩石的自然環境中玩耍，他們每天玩耍的時間相同，一年之後，在自然環境中玩耍的孩子，表現出更強的平衡及運動能力。

自然和人的身心健康之間，有著超乎我們想像的聯繫。這兩年，我在各地為家長們講授如何培養心理健康的孩子。自序中提到的那對夫妻，偷偷生了第二胎又怕被罰款，於是將孩子藏在家中，等到終於敢把孩子「放出來」，才發現孩子有了非常嚴重的身心問題。

雖然大多數故事不會這麼極端，但是喪失與自然親近本能的孩子卻比比皆是。不少孩子對自然心懷恐懼，而非「敬畏」，他們唯一熟悉的是各種電子設備，而這恰恰是父母們不經意間犯下的「罪」。

圓子五歲的時候，我帶她去尼泊爾探訪大自然。在尼泊爾博卡拉市的一個清晨，我帶著圓子在屋頂看日出。太陽出來那一刻，圓子和我一樣激動，舉著她自己的平板電腦不斷拍攝。

我突然意識到，從平板電腦鏡頭裡看到的日出，和天邊的日出完全不一樣，而對一個小生命來說，靜靜觀看和體驗日出的美，該是多麼的難得和珍貴。知道錯在自己，我立刻先收起手中的相機，蹲在她身邊、幫她慢慢放下平板電腦，用肉眼凝視美麗的天空，看雪山被朝陽鍍上一層暖暖的金色。

不只是孩子需要自然教育，大人也一樣。在城市裡生長和生活的我們，一不留神就可能患上「大自然缺失症」。

「大自然缺失症」最早由專門研究家庭關係和兒童教育的作家理查・洛夫（Richard Louv）提出，他在《失去山林的孩子》（*Last Child in the Woods: Saving Our Children from Nature-Deficit Disorder*）一書中提醒人們注意，孩子們對自然的知識越來越多，和自然的接觸卻越來越少，這也許是很多令人擔憂的兒童行為異常的原因。

成人的大自然缺失症，比孩子們還嚴重。太多的成人在傳統的教育模式下，無暇接觸自然，被來自書本的知識和對錯判斷占滿，成為只會使用左腦的人。而心理學家也發現：**過度使用左腦的人不幸福**。雖然左右腦的功能並不是截然分開的，一些高級複雜的心理活動，也是左右腦共同參與的結果，兩者各有優勢。左腦擅長幫助我們理性，右腦則更擅長提供美和喜悅感，使人體分泌與幸福有關的腦內啡。

左腦說，你必須做什麼才有意義；右腦則說，你的存在本身就有意義。於是，強迫、焦慮、憂鬱等心理疾病，排山倒海的朝過度使用左腦的人們湧來。擁有一流的音響設備，聽音樂時卻滿腦子想著「左聲道還是右聲道」；希望運動減壓，運動起來卻一心想贏，而變得更焦慮……。

所以，多年來我一直在為科學家、世界五百強企業的研發工程師們，講授**「右腦生存術」，而右腦生存的最佳練習，是回歸自然，心存敬畏、謙卑和感恩的承認，我們是和萬事萬物一樣的存在。**

以尼泊爾為例，當我們與各種動物一起徒步在「奇旺」國家公園，與雄鷹一起飛翔在喜馬拉雅山脈的魚尾峰，與當地的孩子們一起捧起牛糞給桃樹施肥，在杜巴廣場被廟宇與鳥獸環繞，在千年菩提樹下玩木頭人遊戲……大人和孩子們就一起找回了與自然的連接，而這份連接，可以提供終極的歸屬感，讓人擁有安靜生長的力量。

如果我們意識到自己和天地萬物是一樣的存在，就更容易放下生而為人的各種焦慮和壓力，擁有更強的心理彈性，更有可能坦然面對人世間的各種壓力、煩惱與不確定，因為，我們在傳統的自我認知和量子自我之外，又認識了一個新的自我：生態自我。

什麼是生態自我？

生態自我，也被稱作「生態自我認同」。它來自於深層生態學，有兩條基本原則，自我實現原則和生態中心主義的平等原則。

生態自我的「自我實現」，是在傳統的自我成熟過程中加入自然、環境、其他生命共同體，使得傳統的自我概念不斷深入和擴大。隨著自我的加深和加廣，我們將在他人中看到自己，自我與自然之間並無明確的分隔，這個過程就被稱為「生態自我實現」，強調的是個體特徵與整體特徵的密不可分，「自我與整個大自然融為一體」。人的自我利益和生態系統的利益是完全相同的，一切生命沒有高低貴賤的分界線，而且每一種事物都是互相關聯的。

自我實現是人類潛能的充分表現，使人真正成為人的境界；而生態自我的實現，就是從小我到大我的過程。當一個人達到「生態自我」的階段，他便能在與之認同的自然物中找到自己。

生態自我成長越多，你就越能意識到與各種生態系統的日常交集。你可以更理解其他存在的需要，而不僅僅是人類的。例如你開始知道：大象不停的搖動身體，不是因為快樂，而是因為從小被囚禁，及被迫母嬰分離而產生的憂鬱；小鳥不停歌唱是在尋找配偶；含羞草之所以害羞，是因為自我保護。當理解了這些，你會發現人類和自然的界限，從一開始就完全是人為製造的。

知道這些，對我們的現實生活有什麼幫助？

一個最直接的幫助是：不再把生老病死、心理症狀看做是嚴重的事；不再對抗的時候，不少症狀往往就自然消失了。

於是，就出現了一種新的療法：荒野療癒。它是指在專業人員指導下，透過自然活動和體驗原始生活技巧，來改變消極行為和思考方式。荒野療癒主要針對情感和行為問題，最短需要一週，最長不超過三個月，每次參與者不少於十人。

荒野療癒的目標之一是建立參與者的信心，拓展身體和心理極限，幫助參與者掌握生存技巧和自我保護技能。此外，荒野區有別於熟悉的城市環境，所以能輕易幫助參與者，從不愉快的過往中解放出來。

最單純原始的荒野環境，也會是人類內心最依賴的環境，治療師會運用冒險和恐懼的力量，喚醒參與者與自然之間最原始的連接。再者，簡單的徒步，使得大腦思維也變得簡單，再加上治療師的自然隱喻，可以有效促進參與者內省。讓參與者踏實的「居住」在地球生態圈內，而不只是居住在人為的狹小空間，和自我認知的盲點內。

荒野療癒屬於生態療癒的一種，來自於生態心理學。生態心理學認為，人類行為乃是個體內在因素，與外在環境相互作用的結果，強調內外的互動與平衡。生態心理學後來發展出了行為情緒論，指出若人患有心理障礙或疾病，表示個體行為與環境配合不良，是生態系統失衡的結果。

生態心理學將人類的心理放到更廣闊的背景中看待，包括人、其他動物、植物、微生物、石頭、海洋、星辰……這些生命都是彼此連接的。萬物互聯，萬物一體，只要理解了這些，你就更有可能過著不焦慮的人生。

04 心痛卻查不出病因？你需要的身心練習

有故事的人要認識自己，可以按圖索驥、不斷整理。

今天我們根據三位朋友的問題，一起來學以致用、反覆練習。

第一位朋友覺得自己都不認識自己了。

跟隨林紫老師學習到現在，逐漸發現了自己表象性格形成的原因，老師也強調我們要接納真實的自我，但是，怎麼才能發現真實的自我呢？

我覺得自己的性格有很多面，時而敏感細膩，時而神經大條，時而悲觀失望，時而樂觀積極等，因而認為自己不能真正了解自己內心深處是什麼樣子，便時常產生「我是誰」的困惑。

發現表象性格形成的原因，叫做知道自己的「來龍」；而發現真實自我，則需要把一把自己的「去脈」。

來龍去脈，原來是風水先生的說法，認為山勢如龍，從頭到尾都有血脈連貫。人也一樣。自我有了來處，在現實生活裡就會生長蔓延。那些蔓延開來的部分，抽枝發芽也好、開花結果也好，都是順勢而為，不加造作與修飾，不因為自己「苔花如米小」而自慚形穢。這，就是真實的自我。

找不到真實自我，往往是因為我們在各種關係裡隱藏了太久，需要鬆一鬆土、掃去覆蓋得太厚的枯枝落葉。這位朋友的四個「時而」，其實是每個人都有的，它們一方面反映出真實自我的多面性，一方面也在提醒我們，真實自我隱藏在下面三種關係裡，需要我們問自己一些問題來整理。

- **檢視自己與自己的關係，問問自己：**一個人獨處的時候，我最喜歡做的三件事情是什麼？
- **檢視自己與他人的關係，問問自己：**兩個以上的人在一起的時候，我最想隱藏和掩飾、最害怕別人知道的三個特點是什麼？

・檢視自己與世界的關係，問問自己：我最想做的三件事情是什麼？

把這三個問題的答案放在一起，找到其中的共同點和交叉點，記錄下來，為我們接下來的自我認識小練習——寫自傳，做好準備。

第二位朋友總是懷疑自己有心臟病，因而小心翼翼。

我一直懷疑自己有心臟病，但是每次體檢時，心電圖都一切正常。我總是感覺自己胸口很痛，糾結在一起的感覺，呼吸有點困難。特別是看到有人猝死的新聞，就會聯想到自己，害怕自己會猝死，不敢做劇烈運動。

這有點類似心理診斷中的「疑病症」——明明身體上沒有任何器質性病變，卻真實的感覺到不舒服，總是擔心自己生病。不過，我們需要先排除一些具體情況。例如：如果這位朋友是女性，就要進一步檢查有無進入，或提前進入更年期，因為更年期綜合症的其中一個表現，就是沒有規律的心痛或者心悸。假如所有的生理原因都排除了，我們就可以來看看：表象的心痛背後，隱藏著怎樣的真實自己。

症狀，都是有功能的，往往在提醒我們關注症狀背後的真正問題。在這位朋友的描述中，我們能夠看到的是他對猝死的恐懼。而這種恐懼，其實是潛意識在壓力下的自我保護性反應。如果沒有這種恐懼的存在，或許生命的耗竭和超負荷運轉永遠不會停息。所以，心痛背後，隱藏著的往往是不願再透支精力或情感的自己。

也有另一種可能：對現狀不滿，有過自我毀滅的念頭，但理性上又告訴自己不應該這麼想，於是用了反向形成的防禦機制，把無意識之中不能被接受的欲望和衝動，轉化為意識中的相反行為，表現出十分害怕死亡。

還有一種可能：如果近半年來經歷過重大的人生變故或者親人離世，疼痛就很有可能是表達悲傷。

究竟是哪種情況，需要這位朋友自己梳理，同樣也可以借助寫自傳的方式，來幫助自己了解問題。

心病還需心藥醫。要緩解心理原因引起的疼痛，就要先滿足或者部分滿足被壓抑的心理需求，例如：說出悲傷，調整工作、學習及生活的節奏等。

下面的身心練習可以幫助緩解心因性心痛。

- **腹式呼吸練習**：吸氣的時候，將肚子鼓起來；呼氣的時候，讓肚子消下去，像嬰兒一樣。
- **與心臟對話**：早上醒來先不要馬上起床，把手放在心臟的位置，告訴它你聽到了它的聲音，感謝它的付出，同時承諾會更妥善的照顧它。
- **為自己減壓**：看看自己的日常節奏，有哪些可以調整的地方。
- **回歸大自然**：每週確保有半天時間是待在大自然裡，什麼也不做，想像自己是大自然的一分子，做回生態的自己。

第三位朋友總是覺得自己做得不夠好。

每次做完一件事情後，假如自己覺得其中可能有地方沒做好，我就會在之後的一段時間內，不斷回想是哪一塊可能沒做好，然後自責；明明工作已經結束了，情緒還停留在那裡。這讓我感到很累，也影響我不能順利投入下一件事情。怎麼緩解這種情緒，並及時跳脫出來？

這是典型的完美主義者特點。完美主義來自過於強大的超我，童年不被允許犯錯，得到過多表揚而認為自己不應該出錯，過於在乎他人的看法等，都可能讓我們過度追求完美。解決它的方法有很多，請記住最根本的一條：八〇％原則。也就是說：允許自己用一百分的努力得到八〇％的成果，而不是用一百二十分的努力來換取一〇〇％的結果。另外，將「沒做好」與自我價值分離，學會把心放在事情上，而不是把事情放在心上。

下面介紹一個心理學小工具——寫自傳，標題就叫「我是誰」。

這是表達性書寫的一種，表達性書寫與音樂、舞蹈、繪畫等表達性藝術治療類似，是將文學的概念形式應用於心理治療。詩人娜妲莉・高柏（Natalie

Goldberg）在《療癒寫作：啟動靈性的書寫祕密》（*The True Secret of Writing: Connecting Life with Language*）中提到：「所有的書寫都通向療癒。」她認為，書寫能幫我們接受生死真相，並讓自己平靜下來，與情緒對話，能讓內心獲得安撫與平靜，領悟到真正的快樂。

心理學工作者發現，表達性書寫能夠減少來訪者的侵入性思考、迴避行為，促使他們的情緒表達與自我抽離，將混亂情緒轉化為有組織的思考，整合情緒與想法以形成一致性的敘事，創造意義，從經驗中得到益處。

存在主義心理治療、敘事治療，這兩個心理流派都將書寫視為深度探索自己、達到心理療癒的一種方法。在存在主義心理治療的領域中，透過想像力與書寫，預寫自己的墓誌銘或訃聞，能夠增加對「死亡」的覺察；透過創造自己的作品，能反思創傷經驗、探索各種可能，克服「無意義」的危機。

敘事治療流派則認為：人生就是一個敘事的過程，我們過得怎樣，取決於如何敘述，而不是我們經歷的那些事情。

請大家根據下面的步驟指導，完成你自己的自傳。

首先，預設書寫主題。從內心深處與自己有關的想法和感覺中，選擇一個最想表達的主題，可以是情緒、想法；你的過去、現在，或未來；你過去的樣子、你想要成為的樣子，以及你現在的樣子等。

其次，設定書寫時間。第一次做書寫練習，可以把時間設為七分鐘左右，之後逐漸延長寫作時間，一般是十五到三十分鐘。保證自己在這段時間裡能全身心投入書寫，不被打擾。

再次，開始書寫。一旦開始書寫，就不要刻意思考，也不要停下來，像小河在流淌那樣，你的感受與思維出現什麼，就讓它從筆尖流淌出來。不用考慮句子是否通順，表達是否優美，也不用考慮內容有沒有偏離主題，你只需要不停的把內心寫出來，直到時間結束。

最後，閱讀。寫完後，停下來，看看自己書寫的內容，嘗試去發現書寫中的自己。

舉個例子。例如我寫下了一個感受「我害怕」，接下來出現的是「所以我藏起來」、「我藏起來是因為我覺得自己還不夠好」、「所以我害怕被評價」、「其實是我害怕別人評價我不好」、「如果別人評價我不好，我就會很難受」、「我想起小時候總是被稱讚，所以有那麼一兩次被罰站時，我覺得自己簡直無法活下去……」、「我好像就應該一直是好的」、「又想起最近發生的一些事情，因為沒有達到自己的預期而難受得不行」、「我在自責」、「我好像很習慣用自責來對自己施加壓力和懲罰自己」、「我又想起……」。

就是這樣，一直寫下去，讓潛意識的自然流動，帶你找回真正的自己。

國家圖書館出版品預行編目（CIP）資料

面具下的哪個我更受歡迎：公開我、盲目我、隱藏我、未知我，每個人都有四個我。哪個我才能讓我有自信、不焦慮、過得快樂？／林紫著. -- 初版. -- 臺北市：任性，2020.12
240面；14.8×21公分. --（issue；024）
ISBN 978-986-99469-0-2（平裝）

1. 焦慮　2. 心理治療　3. 生活指導　4. 自我實現

176.527　　　　109013042

issue 024

面具下的哪個我更受歡迎

公開我、盲目我、隱藏我、未知我，每個人都有四個我。哪個我才能讓我有自信、不焦慮、過得快樂？

作　　者／林紫
責任編輯／張祐唐
校對編輯／劉宗德
美術編輯／張皓婷
副總編輯／顏惠君
總 編 輯／吳依瑋
發 行 人／徐仲秋
會　　計／許鳳雪、陳嬅娟
版權經理／郝麗珍
行銷企畫／徐千晴、周以婷
業務助理／王德渝
業務專員／馬絮盈、留婉茹
業務經理／林裕安
總 經 理／陳絜吾

出 版 者／任性出版有限公司
營運統籌／大是文化有限公司
臺北市 100 衡陽路 7 號 8 樓
編輯部電話：（02）23757911
購書相關諮詢請洽：（02）23757911 分機 122
24 小時讀者服務傳真：（02）23756999
讀者服務E-mail：haom@ms28.hinet.net
郵政劃撥帳號／19983366　戶名／大是文化有限公司

法律顧問／永然聯合法律事務所
香港發行／豐達出版發行有限公司
Rich Publishing & Distribution Ltd
香港柴灣永泰道 70 號柴灣工業城第 2 期 1805 室
Unit 1805, Ph.2, Chai Wan Ind City, 70 Wing Tai Rd, Chai Wan, Hong Kong
Tel：2172 6513　Fax：2172 4355　E-mail：cary@subseasy.com.hk

封面設計／柯俊仰　內頁排版／王信中
印　　刷／鴻霖印刷股份有限公司
出版日期／ 2020 年 12 月 初版
定　　價／ 新臺幣 340 元（缺頁或裝訂錯誤的書，請寄回更換）
I S B N　978-986-99469-0-2

本書內文照片，取自維基共享資源（Wikimedia Commons）公有領域（©）。